AF756425

ro
ro
ro

ro
ro
ro

TOM BOBSIEN

MIT TIM RENTOR

DAS DATE MIT DEINEM GELD

ROWOHLT TASCHENBUCH VERLAG

Wichtiger Hinweis

Von uns erwähnte Anlageprodukte sind immer mit Risiken behaftet. Alle Hinweise und Informationen stellen keine Anlageberatung oder Empfehlung dar. Sie wurden nach bestem Wissen und Gewissen mithilfe öffentlich zugänglicher Quellen erarbeitet. Alle zur Verfügung gestellten Informationen dienen allein der Bildung und Veranschaulichung. Eine Haftung für die Richtigkeit kann nicht übernommen werden. Sollten Leser:innen sich die angebotenen Inhalte zu eigen machen, so handeln sie eigenverantwortlich. Die Inhalte dieses Buches stellen lediglich eine Basis für die finanzielle Bildung der Leser:innen dar. Bevor mit Anlageprodukten gehandelt wird, wird empfohlen, weitere Informationsmaterialien heranzuziehen und eine fundierte, individuelle Strategie zu erarbeiten.

Veröffentlicht im Rowohlt Taschenbuch Verlag,
Hamburg, Juni 2024
Copyright © 2024 by Rowohlt Verlag GmbH, Hamburg
Covergestaltung zero-media.net, München
Layout Peter Hoffmann, Köln
Satz aus der New Century Schoolbook
Druck und Bindung CPI books GmbH, Leck
ISBN 978-3-499-01520-5

FSC www.fsc.org
MIX
Papier | Fördert gute Waldnutzung
FSC® C083411

Über Geld spricht man ~~nicht~~

INHALT

VORWORT

Die Welt verändert sich schneller als jemals zuvor, alles ist im Wandel. Wir stehen tagtäglich vor einer Fülle von Informationen, die nur einen Mausklick entfernt zugänglich sind. Tausende von Möglichkeiten tun sich vor uns auf, und wir müssen immer wieder von Neuem entscheiden: Was sind die relevanten Informationen, welche eignen sich für unsere individuelle Situation und vor allem: Welche Informationen sind seriös?

Auch zum Thema Geld und Finanzen stoßen wir auf Artikel, Ratgeber und Blogs. Auf Social-Media-Plattformen wie TikTok, Instagram und YouTube teilen Finanzexpert:innen und Influencer:innen Tipps, wie wir unser Geld sparen, anlegen und vermehren können, während in den Nachrichten schon die nächste Finanzkrise angekündigt wird. Wo es früher noch hieß: «Über Geld spricht man nicht», tauschen wir uns immer häufiger auch im privaten Umfeld über finanzielle Angelegenheiten aus, sei es in Gesprächen mit Freund:innen oder im familiären Kreis.

Wir wollen Licht in dieses Wirrwarr an Informationen bringen, dir dabei helfen, Sicherheit im Umgang mit deinen Finanzen zu gewinnen und ein finanzielles Bewusstsein aufzubauen. Mithilfe von 14 Übungen reflektierst du über das Thema Geld. Du wirst dir über deine Haltung zum Thema bewusst, gewinnst Klarheit über deine finanzielle Situation und weißt am Ende dieses Buches besser über dich und deine finanziellen Ziele Bescheid. So triffst du in Zukunft selbstbewusste Entscheidungen. Dabei ist dieses Buch keine Anleitung, wie du in wenigen Wochen Millionär:in wirst oder wie du Unmengen an Reichtümern anhäufen kannst. Es soll dich weder auf ein BWL-Studium vorbereiten noch dir die Grundlagen des Investmentbanking näherbringen. Stattdessen setzt es bei dir an. Es ist ein Reflexionsbuch, das dir dabei hilft, eine eigene Position zu entwickeln: Wie gehst du aktuell mit deinem Geld um? Wie würdest du gerne mit deinem Geld umgehen? Was bedeutet es für dich, ausreichend Geld zu besitzen, wie möchtest du es verdienen und wofür möchtest du es einsetzen?

Mithilfe der Übungen in diesem Buch näherst du dich den Antworten auf diese Fragen an. Außerdem stellst du einen Plan auf, was du erreichen möchtest, und erfährst, was es braucht, damit du deine Ziele in die Tat umsetzen kannst. Dabei spielt deine Ausgangssituation keine Rolle. Ob du viel oder wenig verdienst, ob du Schulden hast oder nicht – es gibt immer Ansätze, die Dinge in die Hand zu nehmen.

Viel Freude bei dem Date mit deinem Geld!

DAS ERWARTET DICH

Dieses Buch ist in drei Teile aufgegliedert. Damit du dich gleich gut zurechtfindest, erfährst du auf dieser und den folgenden Seiten, was dich erwartet und wie du das Beste für dich aus diesem Buch herausholen kannst.

LERNE DICH SELBST BESSER KENNEN

Im ersten Teil erkundest du deine Einstellung zum Thema Geld. Du lernst, auf welche Weise deine bisherigen finanziellen Entscheidungen auch von deinem Umfeld und deinen Prägungen beeinflusst wurden und werden. Nach Abschluss dieses Teils hast du ein Verständnis dafür entwickelt, was Geld für dich persönlich bedeutet und wie es dein Leben beeinflusst.

REFLEKTIERE DEINE FINANZIELLE SITUATION

Im zweiten Teil betrachtest du deine Einnahmen, Ausgaben und Schulden, um ein klares Bild über deine finanzielle Situation zu erhalten. Nach diesem Teil weißt du, wo du finanziell stehst und welche Bereiche du angehen möchtest: ob Sparen, deine Einnahmen erhöhen oder Investieren.

KREIERE DEINE ZUKUNFT

Der dritte Teil hilft dir dabei, deine finanzielle Zukunft zu visualisieren. Du wirst dir deiner Ziele bewusst und entwickelst erste Strategien, um diese zu erreichen. Nach diesem Teil hast du konkrete Ideen, um deine Vorstellungen zu verwirklichen.

SO GEHST DU VOR

BEOBACHTE WIDERSTÄNDE

Es ist ganz normal, dass einige Fragen womöglich herausfordernd sind. Und es ist auch normal, dass du nicht sofort eine Antwort parat hast. Wichtige Lebensfragen kann man nicht immer mit dem Verstand beantworten, manchmal braucht es etwas anderes: einen Spaziergang, Gespräche mit Freund:innen oder eine Meditation. Deine Intuition weiß schon, was richtig ist. Wer kennt es nicht: Nach einiger Zeit kommt dir plötzlich ein Gedanke oder eine Idee unter der Dusche, und da ist sie dann: die Antwort. Wenn dir das Thema Geld große Sorgen bereitet, ist es ebenfalls möglich, dass du das Buch gemeinsam mit einer vertrauten Person ausfüllst.

SEI EHRLICH ZU DIR SELBST

Dieses Buch wird sich für dich besonders lohnen, wenn du deine Gedanken und Antworten ehrlich niederschreibst. Dann kannst du anfangen, Dinge zu verändern oder neue Perspektiven einzunehmen. Ehrlich zu sein kann auch mal unbequem werden, aber es ist wichtig für dein persönliches Wachstum.

DU BIST AUF DEINER EIGENEN REISE

Bei der Reflexion am Ende eines jeden Teils gibt es kein «Richtig» oder «Falsch». Alles, was du denkst oder fühlst, ist in Ordnung. Jeder Schritt, auch wenn er klein ist, zählt auf dem Weg zu finanziellem Selbst-Bewusstsein. Du musst die Kapitel auch nicht schnellstmöglich durcharbeiten, darum geht es nicht. Lass dir stattdessen Zeit für jede Frage. So lohnt sich das Buch für dich wirklich. Schaffe dir für die Bearbeitung eine angenehme und ruhige Atmosphäre. Sei es mit einer Tasse Tee, einem Stück Kuchen oder ein paar Kerzen. So hast du den Kopf frei und kannst dich den einzelnen Übungen in aller Ruhe widmen.

JETZT GEHT ES LOS. VIEL SPASS UND GUTE ERKENNTNISSE!

LERNE DICH SELBST BESSER KENNEN

Was ist das erste Wort, das dir einfällt, wenn du an Geld denkst?

#1

DEIN HAUS DES GELDES

IN DIESER ÜBUNG WIRST DU …

- deine Gedanken über Geld in einer Mind-Map festhalten,
- deinen Gefühlen zum Thema Geld auf die Spur kommen,
- erste Zusammenhänge und Denkmuster erkennen.

Wenn du an Geld denkst, was kommt dir zuerst in den Sinn? Indem du deine Gedanken zu Papier bringst, gewinnst du einen ersten Eindruck von deinen Einstellungen und Überzeugungen. Diese Übung hilft dir dabei, dir bewusst zu werden, wie du zum Thema Geld stehst. Sicher kommen auch erste Gefühle in dir hoch, wenn du die Fragen beantwortest, und vielleicht sind die auch nicht immer angenehm. Höre aufmerksam in dich hinein. Wenn wir uns etwas vor Augen führen und uns etwas bewusst wird, befähigen wir uns, Veränderungen herbeizuführen. Diese Übung ist dein erster Schritt, um einen selbstbewussten Umgang mit deinem Geld zu finden.

TIPP

Suche dir für diese Übung einen ruhigen Ort und nimm dir ausreichend Zeit. Versuche, deine Gedanken ganz ungefiltert aufzuschreiben, ohne sie zu bewerten. Wenn Gefühle in dir hochkommen, notiere auch diese in der Mind-Map. Wenn der Platz nicht ausreicht, halte deine Gedanken und Gefühle auf einem größeren Blatt Papier oder in deinem Notizbuch fest.

Dir Zeit zu nehmen, um dich selbst kennenzulernen, ist eine der besten Investitionen, die du tätigen kannst.

Schreibe mithilfe der Impulse deine ersten Gedanken zum Thema Geld auf. Wenn dir zu einem der Impulse nichts einfällt, ist das völlig in Ordnung. Wenn du darüber hinaus noch Gedanken hast, schreibe diese ebenfalls hier auf.

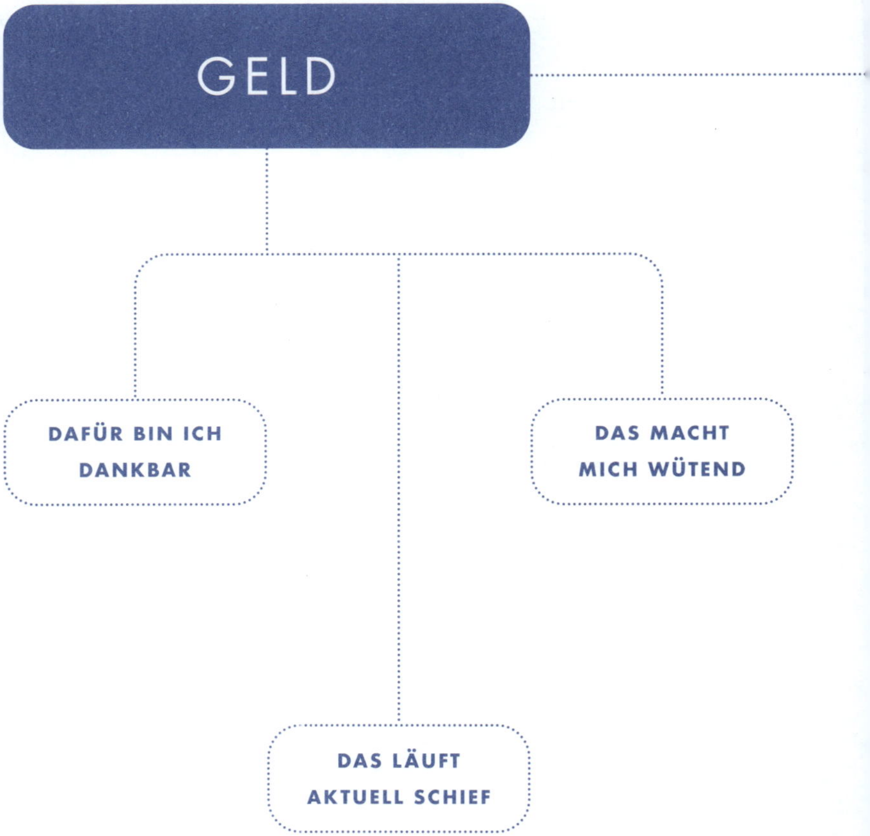

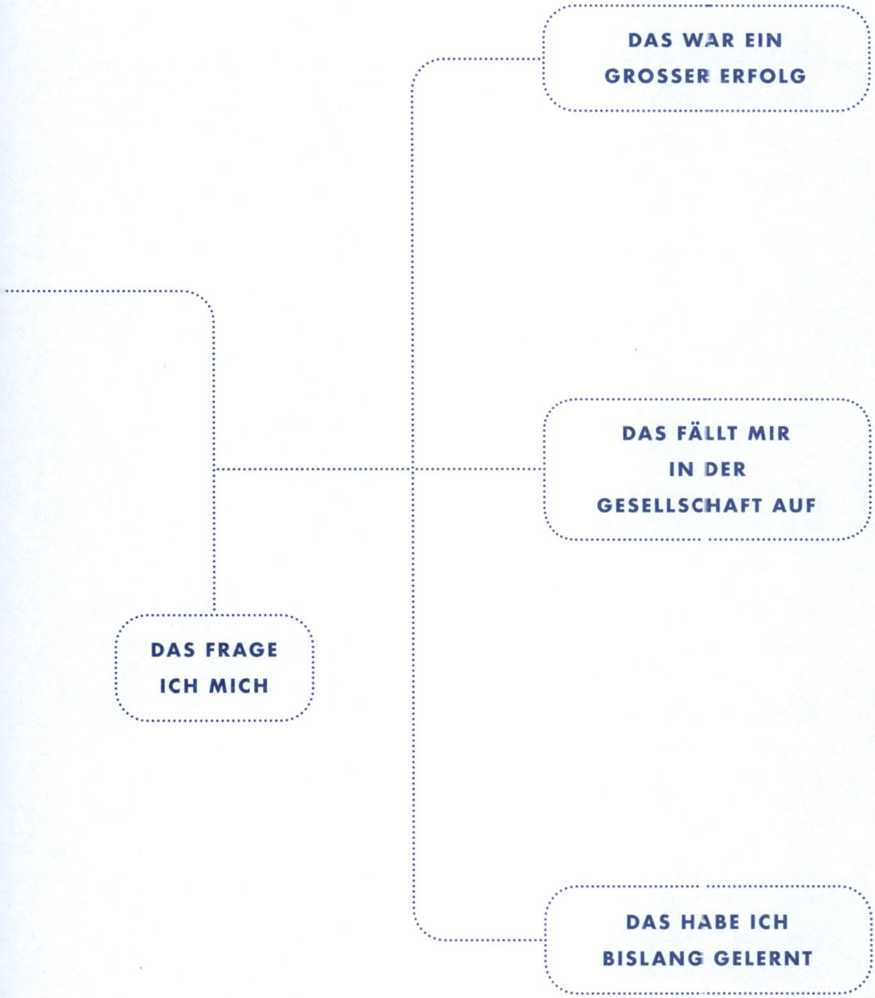
DAS WAR EIN GROSSER ERFOLG
DAS FÄLLT MIR IN DER GESELLSCHAFT AUF
DAS FRAGE ICH MICH
DAS HABE ICH BISLANG GELERNT

#2

EIN BLICK DURCH DIE GELDBRILLE

IN DIESER ÜBUNG WIRST DU …

- dein Verhältnis zum Thema Geld offenlegen,
- deine Einstellungen und Glaubenssätze festhalten,
- deine moralischen Vorstellungen zum Thema Geld beleuchten.

Einige Menschen verbinden mit Geld positive Werte wie Erfolg, Sicherheit, Freiheit und Anerkennung. Andere wiederum verbinden mit Geld Gefühle von Ohnmacht, Ungenügen, Unsicherheit und Angst. In dieser Übung kommst du deiner Haltung zum Thema Geld auf die Spur. Auf diese Weise versetzt du dich in die Lage, diese Haltung entweder selbstbewusst zu vertreten oder aber eine Veränderung herbeizuführen, wenn du sie als belastend empfindest.

TIPP

Suche die Antworten in deinem Inneren, und scheue nicht vor deinen Gefühlen zurück: Es geht darum, anzunehmen, was ist, ganz ohne Wertung. Gehe deine Antworten abschließend noch einmal in Ruhe durch. Vielleicht erkennst du ein Muster? Wenn du Lust hast, sprich mit deinen Freund:innen über diese Fragen. Vielleicht findest du eine Person, die eine andere Haltung vertritt als du. Es kann spannend sein, andere Meinungen und Weltbilder kennenzulernen und sich darüber auszutauschen.

Nicht die Summe, die du besitzt, ist der Schlüssel zu innerer Zufriedenheit, sondern ein gesundes Verhältnis zu Geld.

Was bedeutet es für dich aktuell, über ausreichend Geld zu verfügen?

Wie fühlt es sich für dich an/wie würde es sich für dich anfühlen, ausreichend Geld zu besitzen? Beschreibe deine Gefühle und wie du durch den Alltag gehst/gehen würdest. Nimm dir für diese Frage etwas länger Zeit. Schreibe auch mögliche Ängste auf.

Was empfindest du, wenn andere Menschen über mehr Geld verfügen als du? Denke dabei zum Beispiel an verschiedene Personen – von dem:der Millionär:in bis zu einer dir nahestehenden Person. Du kannst auch mehrere Checkboxen ankreuzen.

- [ ] Zufriedenheit
- [ ] Neid
- [ ] Bewunderung
- [ ] Scham
- [ ] Respekt
- [ ] Inspiration
- [ ] Skepsis
- [ ] Unzulänglichkeit
- [ ] Motivation
- [ ] Frustration
- [ ] Neugierde
- [ ] Ärger
- [ ] Überraschung
- [ ] Dein Gefühl: ....

Wie beeinflussen diese Gefühle deine Einstellung zu Geld? Denkst du, dass sie dich auch in deinem persönlichen oder beruflichen Leben/Alltag beeinflussen? Lass dir auch für die Beantwortung dieser Frage viel Zeit.

Welche Sätze hörst du in deinem nahen Umfeld oder deinem Freundeskreis häufiger, wenn es um Geld geht?

Markiere jene Sätze, die du teilst.
Streiche die Sätze durch, die du nicht (mehr) teilst.

Mit welchen Menschen kannst du offen und ehrlich über Geld sprechen?

- ▶
- ▶
- ▶
- ▶
- ▶

Was trägt dazu bei, dass du dich mit diesen Menschen so gut über Geld austauschen kannst?

Gibt es Themen in Bezug auf Geld, die du selbst mit diesen Menschen nicht besprechen würdest? Welche sind das?

Auf welchen Erfahrungen, Überlegungen oder Glaubenssätzen beruht diese Zurückhaltung?

Wie hat sich deine Einstellung zum Thema Geld im Laufe deines Lebens verändert?

Als Kind/Jugendliche:r

Als junge:r Erwachsene:r

Zuletzt

Glaubst du, dass man mit Geld Glück kaufen kann? Begründe deine Antwort.

- [ ] **JA**
- [ ] **NEIN**

Deine Begründung:

Was würdest du dir persönlich nicht mit Geld kaufen, selbst wenn du es könntest? Begründe deine Antwort.

SACHE	GRUND

Gibt es in deinen Augen ethische oder moralische Grenzen, wie man sein Geld verdienen oder ausgeben sollte?

- [ ] Ja, es gibt ethische Grenzen.
- [ ] Nein, alle Menschen sollten machen, was sie wollen.

Falls du dich für «Ja» entschieden hast, wo verlaufen diese Grenzen?
Falls du dich für «Nein» entschieden hast, begründe deine Antwort.

#3

GELD UNTER DER LUPE

IN DIESER ÜBUNG WIRST DU …

- dein Konsumverhalten reflektieren,
- deinen Ausgabegewohnheiten auf die Spur kommen,
- nachspüren, wie du dich mit deinen Ausgaben fühlst.

In dieser Übung reflektierst du dein Ausgabeverhalten und die Werte, die hinter deinem Konsum stehen. Durch gezielte Fragen und Bewertungen erkundest du deine Gewohnheiten, etwa beim Einkauf im Supermarkt und im Alltag, um festzustellen, welche Ausgaben sich für dich richtig anfühlen und über welche du noch einmal nachdenken solltest. Durch diese Übung entwickelst du ein Bewusstsein für deine finanziellen Entscheidungen.

TIPP

Schreibe für eine Zeit lang auf, wie du dich bei jeder deiner Ausgaben fühlst. Dafür eignet sich zum Beispiel die Notizen-App auf deinem Handy. Bist du zufrieden, weil du etwas Notwendiges gekauft hast, vielleicht auch etwas, das du dir schon lange gewünscht hast? Oder bist du verärgert, weil du etwas bedauerst? Ein Wort genügt! Auf diese Weise findest du heraus, was dich bewegt, wenn du Geld ausgibst.

Wer klug kauft,
spart doppelt.

Unser Einkaufsverhalten kann eine Menge über unseren alltäglichen Umgang mit Geld verraten. Was sind Lieblingsprodukte oder Dienstleistungen, für die du regelmäßig Geld ausgibst?

LIEBLINGS-PRODUKT/ DIENSTLEISTUNG	KATEGORIE*	KOSTEN

*bspw.: Lebenshaltung, Freizeit, Gesundheit

Wenn du dir die Produkte oder Dienstleistungen ansiehst, was fällt dir an deinem Einkaufsverhalten auf?

Trage auf der Linie ein, zu welcher der Verhaltensweisen du tendierst.

EINKAUFSLISTE SCHREIBEN	**EINFACH LOSGEHEN**
ANGEBOTSPROSPEKTE DURCHGEHEN	**EINKAUFEN, WAS ICH GUT FINDE**
AUF DEN PREIS SCHAUEN	**EINFACH EINPACKEN, WORAUF ICH LUST HABE**
MARKENPRODUKTE KAUFEN	**EIGENMARKEN KAUFEN**
ICH ACHTE AUF DIE QUALITÄT	**ICH ACHTE AUF DEN PREIS**
BAR ZAHLEN	**MIT KARTE ZAHLEN**
ENTSPANNT AN DER KASSE	**ANGESPANNT AN DER KASSE**

Wie fühlst du dich häufig, wenn du im Supermarkt einkaufen gehst?

Was sind typische Gedanken, die dir dabei durch den Kopf gehen?

Wie wichtig sind dir bei deinen Einkäufen Nachhaltigkeit, Bio-Siegel, faire Arbeitsbedingungen oder Qualität, und inwiefern beeinflussen solche Faktoren deine Kaufentscheidungen?

Möchtest du an deinem Supermarkt-Verhalten etwas verändern? Hier ist Platz für deine Gedanken.

Denke an die letzte Werbung oder einen Beitrag auf Social Media zurück, die oder der dich dazu bewegt hat, etwas zu kaufen. Was war das?

+ Setze hinter alle Ausgaben ein +, mit denen du dich gut fühlst oder die sich als sinnvoll erwiesen haben.

– Setze hinter alle Ausgaben ein –, die du aus heutiger Sicht als überflüssig betrachtest.

PRODUKT	ERWARTETER NUTZEN	TATSÄCHLICHER NUTZEN

Trage auf der Linie ein, zu welcher der Verhaltensweisen du tendierst.

ESSEN GEHEN ODER BESTELLEN — SELBST KOCHEN

COFFEE TO GO — KAFFEE ZU HAUSE KOCHEN UND MITNEHMEN

AUTO — ÖFFENTLICHE VERKEHRSMITTEL

VIEL ARBEITEN — VIEL FREIZEIT

KLAMOTTEN LANGE TRAGEN — HÄUFIG NEUES KAUFEN

Trage auf der Linie ein, zu welcher der Verhaltensweisen du tendierst.

KONTOSTAND IMMER IM BLICK	**WIRD SCHON PASSEN**
AM ENDE DES MONATS WIRD'S ENG	**IMMER ETWAS AUF DER HOHEN KANTE**
KONTO IMMER WIEDER IM DISPO	**STETS IM PLUS**
AUCH MAL IMPULSIV ETWAS SCHÖNES KAUFEN	**MIT BEDACHT UND VORSICHT GELD AUSGEBEN**
GEMEINSAM DIE RECHNUNG FÜRS ABENDESSEN BEGLEICHEN	**JEDE:R ZAHLT DEN TATSÄCHLICHEN ANTEIL**

Erinnere dich an deine kostspieligsten Ausgaben zurück und halte sie in der Tabelle fest. Trage auch den Grund der Ausgabe und den gezahlten Preis ein.

	AUSGABE	PREIS	GRUND DER AUSGABE
1			
2			
3			
4			
5			

Wie fühlst du dich heute mit den Ausgaben?

Erinnere dich an deine letzten Ausgaben über 50,– Euro zurück und halte sie in der Tabelle fest. Trage auch den Grund der Ausgabe und den gezahlten Preis ein und bewerte im Anschluss, wie sinnvoll die Ausgabe im Nachhinein war.

	AUSGABE	PREIS	GRUND DER AUSGABE
1			
2			
3			
4			
5			

Wie fühlst du dich heute mit den Ausgaben?

Wenn du dich an die letzten Seiten zurückerinnerst, wie fühlst du dich im Alltag häufig mit deinem Geld?

Falls du etwas ändern könntest oder wolltest, was wäre das?

#4

GELD UND X

IN DIESER ÜBUNG WIRST DU…

- verschiedene Lebensbereiche im Hinblick auf Geld durchleuchten,
- dir Alltagssituationen vor Augen führen, um finanzielle Erfolge oder Fehleinschätzungen zu erkennen,
- Erkenntnisse darüber gewinnen, welchen Stellenwert Geld für dich hat.

Geld ist eng mit anderen Lebensbereichen verknüpft und wirkt sich beispielsweise auf unser Wohlbefinden oder auch auf unsere Beziehungen aus. Es durchwirkt unser gesamtes Leben. In dieser Übung wirst du lernen, diese Zusammenhänge zu erkennen.

TIPP

Du kannst noch weitere Lebensbereiche durchleuchten und dich fragen, welchen Einfluss Geld auf deinen Alltag hat. Deiner Phantasie sind keine Grenzen gesetzt.

Auch wenn die besten Dinge
mit Geld nicht zu bezahlen sind,
Geld kann es dir ermöglichen,
dein Leben ein Stück weit
freier zu gestalten.

GELD UND ZUFRIEDENHEIT

Bei welchen Gelegenheiten erlebst du, dass Geld zu deiner Zufriedenheit beiträgt?

Bei welchen Gelegenheiten hast du erlebt, dass fehlendes Geld zu deiner Unzufriedenheit beigetragen hat?

Welche Rolle spielt Geld in deinem Streben nach persönlicher Zufriedenheit?

Ist Geld ein Mittel zum Glück oder ein Hindernis für wahres Glück?

GELD UND BEZIEHUNGEN

Inwiefern konntest oder kannst du in deiner (früheren) Beziehung offen über Geld sprechen?

Sollte man deiner Meinung nach Ausgaben als Paar stets 50:50 teilen?

Wie gehst du in deiner Beziehung damit um, dass dein:e Partner:in mehr oder weniger Geld als du zur Verfügung hat?

Hat Geld schon mal Konflikte in deiner (früheren) Beziehung verursacht? Wenn ja, was hast du daraus gelernt?

GELD UND UMFELD

Kannst du ein Beispiel aus deinem Leben nennen, bei dem du aufgrund deines finanziellen Hintergrunds schon mal anders behandelt wurdest? Was hat das mit dir gemacht?

Hast du schon mal Geld für etwas ausgegeben, damit du anderen Menschen gefällst, obwohl du dir das Produkt sonst nie gekauft hättest? Was war das und warum war es dir wichtig?

Durch welche Person oder welchen Umstand hast du bislang am meisten über Geld gelernt? Was genau hast du gelernt?

GELD UND ZEIT

Für was hast du in den letzten Monaten Geld ausgegeben, um dadurch deine Lebensqualität zu steigern? Denke zum Beispiel an Urlaube, Restaurantbesuche oder schöne Ausflüge.

Für was hast du in den letzten Monaten Geld ausgegeben, um dadurch massiv Zeit zu sparen? Denke zum Beispiel an Taxifahrten, die Beschäftigung einer Haushaltshilfe oder den Kauf einer Geschirrspülmaschine.

Wenn du deiner Lebenszeit einen Preis geben müsstest, wie viel würde eine Stunde davon kosten?

GELD UND GESUNDHEIT

Welche Ausgaben tätigst du, um deine Gesundheit zu verbessern oder aufrechtzuerhalten?

Inwiefern beeinflusst finanzielle (In-)Stabilität dein Wohlbefinden und deine Gesundheit?

Welche Lebensmittel oder anderen gesundheitlichen Maßnahmen würdest du kaufen wollen, wenn Geld keine Rolle spielen würde?

GELD UND FREIZEIT

Welche Freizeitaktivitäten oder Hobbys, die Geld kosten, genießt du besonders?

Welche Freizeitaktivitäten oder Hobbys, die kein Geld kosten, genießt du besonders?

Was ist dir wichtiger: Mehr Geld oder mehr Freizeit?

#5

ES IST NICHT ALLES GOLD, WAS GLÄNZT

IN DIESER ÜBUNG WIRST DU …

- gängige Sprüche über Geld hinterfragen,
- dir deiner Meinung zu Geld-Themen bewusst werden,
- eine Haltung zum Thema Geld entwickeln.

Bestimmte Redewendungen und Glaubenssätze über Geld sind tief in unserer Kultur verankert. Sie prägen unsere Einstellungen, Überzeugungen und Verhaltensweisen im Umgang damit. Viele dieser Sprüche tragen Weisheiten in sich. Gleichzeitig kann es sinnvoll sein, einige dieser Redewendungen kritisch zu hinterfragen. Haben sie in der heutigen Zeit noch ihre Gültigkeit, oder darfst du sie durch neue Formulierungen ersetzen? Dich kritisch mit Traditionen und Erlerntem auseinanderzusetzen, trägt zu deiner finanziellen Bildung und einem selbstbewussten Umgang mit Geld bei.

TIPP

Nachdem du deine Meinungen aufgeschrieben hast, könntest du ein Gespräch mit jemandem führen, der:die aus einer anderen Generation als du stammt und dich mit der Person über deine Haltung austauschen.

Eine Haltung zu überdenken und die Welt aus einer neuen Perspektive zu sehen, ermöglicht es uns, verborgene Möglichkeiten zu entdecken und zu unerwarteten Lösungen zu gelangen.

Wie stehst du zu den folgenden Redewendungen und Glaubenssätzen? Gib ein Statement ab. Scheue dich nicht, die Erfahrungen festzuhalten, die du mit diesem Satz gemacht hast.

«Über Geld spricht man nicht.»

«Geld verdirbt den Charakter.»

«Ohne Fleiß kein Preis.»

«Geld löst alle Probleme.»

«Zeit ist Geld.»

«Wer den Cent nicht ehrt,
ist den Euro nicht wert.»

«Wem genug zu wenig ist,
dem ist nichts genug.»

«Geld ist nicht alles.»

«Geld ist Freiheit.»

«Der Mann bringt das Geld nach Hause.»

«Geld ist ein Werkzeug,
um Gutes zu bewirken.»

«Geld ist immer reichlich vorhanden.»

REFLEXION

DEIN EMOTIONALER GELDTYP

Nach allem, was du im ersten Kapitel über dich gelernt hast: Nimm dir einen Stift oder vier verschiedenfarbige Stifte und trage ein, wie du aktuell mit Geld umgehest. Jeder der vier Teile steht für 100 Prozent: stets bewusst, immer entspannt, stets ängstlich, immer vermeidend. Fülle anteilig das jeweilige Feld aus, um herauszufinden, wie sehr das jeweilige Gefühl dir und deiner aktuellen Situation entspricht.

STETS BEWUSST

Du bist dir über deine finanzielle Lage stets bewusst und handelst dementsprechend. Mit deinen Finanzen umzugehen fällt dir leicht. Du fühlst dich sicher und bist entscheidungsfreudig.

IMMER ENTSPANNT

Du hast Vertrauen, dass deine Geldsituation dich in ruhigem Fahrwasser durchs Leben trägt. Du weißt grob über deine Finanzen Bescheid, und wenn es sein muss, triffst du in aller Ruhe Entscheidungen.

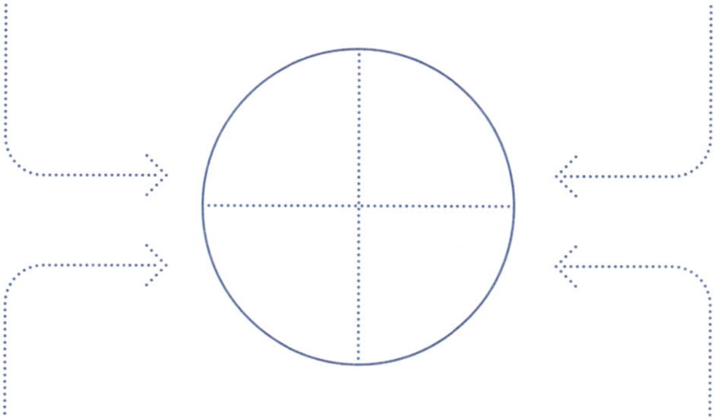

STETS ÄNGSTLICH

Du hast verschiedene Ängste rund um Geld, die dich im alltäglichen Umgang mit deinen Finanzen einschränken und die es dir erschweren, Entscheidungen zu fällen.

IMMER VERMEIDEND

Du schiebst regelmäßig Themen über Geld auf und willst dich lieber nicht damit auseinandersetzen. Wie es um deine Finanzen steht, weißt du nicht.

Mit welchem Gefühl, Geldtyp oder Thema möchtest du dich näher auseinandersetzen?

Was hast du Neues über dich gelernt?

REFLEKTIERE DEINE FINANZIELLE SITUATION

Was ist der erste Gedanke, der dir in den Sinn kommt, wenn du an deinen Kontostand denkst?

#6

AUF DER HOHEN KANTE

IN DIESER ÜBUNG WIRST DU …

- eine Finanzübersicht erstellen,
- dir deine Vermögenssituation vor Augen führen,
- herausfinden, wie es dir mit deiner finanziellen Situation geht.

Es ist nicht dein aktueller Kontostand, der dir verrät, wo du finanziell stehst, sondern dein Nettovermögen. Mit dieser Übung findest du heraus, wie es um deine Finanzen wirklich bestellt ist. Dieses Wissen befähigt dich, erste Schlüsse zu ziehen und anschließend ins Handeln zu kommen, wenn du das möchtest.

TIPP

Um deinen Vermögensstand dauerhaft im Blick zu haben, kannst du auch digitale Apps oder Tabellenkalkulationsprogramme nutzen. Diese erleichtern es dir, den Überblick zu behalten.

Deine aktuelle finanzielle Lage ist, wie sie ist.

VERMÖGEN

VERMÖGEN	IN EURO
SPARGELDER	
Bargeld	
Girokonto	
Tagesgeldkonto	
Sparbuch	
Bausparvertrag	
Sonstiges	
WERTPAPIERE	
Aktien	
Aktienfonds	
ETFs	
Sonstiges	
KRYPTOWÄHRUNGEN	

VERMÖGEN	IN EURO
ROHSTOFFE	
Gold	
Sonstiges	
WERTGEGENSTÄNDE	
Kunst	
Uhren, Schmuck	
Sonstiges	
VERSICHERUNGSVERMÖGEN	
Lebensversicherung	
Riester-Rente	
Sonstiges	
IMMOBILIEN	
SONSTIGES	
SUMME VERMÖGEN	

SCHULDEN

SCHULDEN	IN EURO
KREDIT 1	
KREDIT 2	
KREDIT 3	
Steuerschulden	
Versicherungsschulden	
Immobilienschulden	
Handyschulden	
Schulden durch Scheidung	
Schulden durch Unterhalt	
Sonstige Schulden	
SUMME SCHULDEN	

	IN EURO
SUMME VERMÖGEN	
SUMME SCHULDEN	
DIFFERENZ: DEIN NETTOVERMÖGEN	

Jetzt weißt du über deine finanzielle Situation Bescheid. Vielleicht überrascht dich das Ergebnis, und du stehst besser oder auch schlechter da, als du dachtest. Egal, wie das Ergebnis ausgefallen ist: Das Wissen um deine finanzielle Situation versetzt dich in die Lage, die nächsten Schritte zu gehen. Sei es, mehr Geld beiseitezulegen, alles genauso zu belassen, wie es ist, oder aber deine Schulden in Angriff zu nehmen.

Wie geht es dir mit diesem Ergebnis? Schreibe auf, wie du dich fühlst und welche Impulse in dir aufkommen.

#7

EINNAHMEN VS. AUSGABEN

IN DIESER ÜBUNG WIRST DU …

- einen Überblick über deine Einnahmen und Ausgaben gewinnen,
- reflektieren, wofür du dein Geld ausgibst,
- überlegen, was du mit dem Geld anfangen möchtest, das am Ende des Monats übrig bleibt.

In dieser Übung vergleichst du deine monatlichen Einnahmen, wie Gehalt, staatliche Zahlungen und andere Einkünfte, mit deinen Ausgaben, unterteilt in fixe Ausgaben (wie zum Beispiel Miete und Abos) und variable (wie Lebensmittel und Freizeit). Vermutlich wirst du nicht jeden Monat dasselbe einnehmen oder ausgeben. Du kannst aber monatliche Mittelwerte berechnen. So stellst du sicher, dass du auch berücksichtigst, was vielleicht nur einmal im Jahr anfällt. Diese Übung hilft dir, mehr Sicherheit im Umgang mit deinem Geld zu gewinnen und ein Gespür dafür zu entwickeln, wie viel und wofür du dein Geld aktuell ausgibst.

TIPP

Wenn du deine Einnahmen und Ausgaben fortlaufend tracken möchtest, könnte ein (digitales) Haushaltsbuch sinnvoll sein, um deine finanziellen Gewohnheiten zu reflektieren.

Gute und schlechte Zeiten sind ganz normal. Im Leben, auf dem Kontostand oder im Aktiendepot.

MONATLICH FIXE EINNAHMEN

FIXE EINNAHMEN	MONATLICH IN EURO
GEHALT	
STAATLICHE ZAHLUNGEN	
Kindergeld	
Wohngeld	
Arbeitslosengeld	
Sonstiges	
WEITERE ZAHLUNGEN	
Mieteinnahmen	
Unterstützung durch Familie	
Stipendien und Förderungen	
Staatliche Unterstützung	
Sonstiges	
SUMME	

VARIABLE EINNAHMEN DER LETZTEN 12 MONATE

Wie hoch war der Gesamtbetrag an zusätzlichen Vergütungen, einschließlich Bonuszahlungen und Weihnachtsgeld, den du in den letzten 12 Monaten von deinem Arbeitgeber bekommen hast?	
Welche Einnahmen hast du aus Geldanlagen erzielt, sei es mit Zinsen oder Dividenden?	
Wie viel Geld hast du aus Einnahmen bei eBay, Etsy o. ä. Plattformen verdient?	
Wie viel Geld hast du aus deiner letzten Steuerrückerstattung erhalten?	
Welche sonstigen Einnahmen hattest du in den letzten 12 Monaten?	
INSGESAMT BETRAGEN DIE ZUSÄTZLICHEN EINNAHMEN DER LETZTEN 12 MONATE:	

GESAMTE EINNAHMEN

Zusätzliche bzw. unerwartete Einnahmen sind immer etwas Besonderes. Du kannst dir dadurch etwas gönnen, mehr sparen, spenden oder sogar investieren. Was hast du mit dem Geld gemacht?

MONATLICH FIXE AUSGABEN

FIXE AUSGABEN	MONATLICH IN EURO
MIETE/RATE FÜR IMMOBILIENKREDIT	
MONATLICHE BETRIEBSKOSTEN	
Wohnnebenkosten	
Strom	
Wasser	
Heizung	
INTERNET/FESTNETZ	
HANDY	

FIXE AUSGABEN	MONATLICH IN EURO
RUNDFUNKBEITRAG	
ABOS & MITGLIEDSCHAFTEN	
Abos (z. B. Fitnessstudio)	
Streamingdienste	
Vereinsbeiträge	
Sonstige	
VERSICHERUNGEN	
KREDITRÜCKZAHLUNGEN-/ RATENZAHLUNGEN	
SUMME	

MONATLICH VARIABLE AUSGABEN

Lege deine variablen Ausgaben aus dem letzten Monat zugrunde, um einen ungefähren Eindruck von deinen variablen Ausgaben zu erhalten. Du kannst auch die variablen Ausgaben der letzten drei Monate zusammenrechnen und sie dann durch drei teilen, um einen gemittelten Wert zu erhalten. Das ist immer dann sinnvoll, wenn du im letzten Monat beispielsweise im Urlaub warst oder höhere Ausgaben durch Geburts- oder Feiertage hattest.

VARIABLE AUSGABEN	**MONATLICH IN EURO**
Lebensmittel und Haushalt	
Restaurantbesuche & Lieferdienste	
Freizeit & Hobby	
Mobilität & Transport	
Urlaub	
Kleidung	
Spenden	
Sonstige	
SUMME	

DAS ERGEBNIS

Pflege die Ergebnisse, die du auf den vorherigen Seiten zusammengetragen hast, hier ein und errechne, ob du am Monatsende noch Geld übrig hast.

ERGEBNISSE	**MONATLICH IN EURO**
SUMME FIXE EINNAHMEN	
SUMME FIXE AUSGABEN	
SUMME VARIABLE AUSGABEN	
ERGEBNIS	

Sieh dir deine Einnahmen und Ausgaben an. Bist du zufrieden mit dem, was du siehst? Welche Gefühle lösen die Zahlen bei dir aus?

Gibt es etwas, wofür du gerne mehr Geld ausgeben würdest?

Gibt es etwas, wofür du gerne weniger Geld ausgeben würdest?

Falls am Ende des Monats etwas übrig bleibt, hast du schon eine Idee, was du gerne mit diesem Geld machen würdest?

Falls am Ende des Monats kaum etwas bis gar nichts übrig bleibt oder du in Zukunft gerne mehr übrig hättest, empfehlen wir dir unsere Spartipps ab Seite 86 oder die Möglichkeiten, deine Einnahmen zu erhöhen, die wir ab Seite 106 für dich zusammengetragen haben.

#8

GUTE UND SCHLECHTE ZEITEN

IN DIESER ÜBUNG WIRST DU …

- dir Gedanken über dein Sparverhalten machen,
- ungenutzte Sparpotenziale identifizieren,
- deine Sparrate und deine Sparquote festlegen.

Es gibt mehrere Möglichkeiten und Gründe zu sparen. Beispielsweise schlicht und ergreifend, um über die Runden zu kommen, Schulden zu vermeiden oder diese abzubauen. Oder auch, um sich durch einen sogenannten Rettungsanker für schlechte Zeiten abzusichern, um sich kurz- und mittelfristig Träume und Wünsche zu erfüllen oder Ziele zu erreichen. Auch um langfristig ein Vermögen aufzubauen, etwa um im Alter gut leben zu können oder Kinder und Enkel zu unterstützen. All das sind Gründe, sich die eigenen Ausgaben noch einmal genauer anzusehen und, falls du am Ende des Monats sogar etwas übrig hast, zu überlegen, was du damit anfangen möchtest.

TIPP

Grundsätzlich gilt beim Sparen:
Umso früher du anfängst, desto besser.
Umso mehr du beiseitelegst, desto besser.
Umso länger du durchhältst, desto besser.

*Sparen ermöglicht es dir,
deine Träume und Ziele zu
verwirklichen, reduziert Sorgen
und kann dir dabei helfen,
Krisen zu überbrücken.*

Welche Erinnerungen oder Gedanken verbindest du mit dem Thema Sparen?

Warst du schon einmal gezwungen, sehr sparsam zu sein, um über die Runden zu kommen? Was verbindest du mit dieser Zeit?

Wie wurde in deiner Familie mit dem Thema Sparen umgegangen?

Wie wirken sich diese Erfahrungen auf dein heutiges Sparverhalten aus?

Bist du heute zufrieden oder unzufrieden mit deinem Sparverhalten? Warum ist das so?

Hast du schon einmal erfolgreich auf etwas gespart? Und wenn ja, was war es?

Hast du schon einmal gespart und deshalb auf etwas verzichtet, das dir im Rückblick wichtig gewesen wäre?

Aus welchem Grund könntest du dir heute vorstellen, etwas zu sparen? Was motiviert dich?

SPARHACKS

Es gibt unzählige Möglichkeiten, Geld zu sparen, wenn du es ausprobieren möchtest. Ein paar davon haben wir hier für dich zusammengetragen.

+ Setze ein + bei Einsparpotenzialen, die du bereits umsetzt.

○ Setze einen Kreis bei Einsparpotenzialen, die du interessant findest.

– Setze ein – bei Einsparpotenzialen, die du nicht interessant findest.

○ Sammle Kleingeld sowie Wechselgeld in einer Spardose und zahle den gesparten Betrag regelmäßig auf dein Sparkonto ein.

○ Überweise jeden Euro, der am Monatsende übrig ist, auf dein Sparkonto.

○ Setze dir Budgets für deine variablen Ausgaben, wie z.B. Ausgaben für Lebensmitteleinkäufe oder Ausgehen, und überschreite diese nicht.

○ Spare Heizkosten, indem du die Heizung bewusster betreibst.

- Prüfe deine Kosten für Mobilität. Kannst du auf günstigere und gleichzeitig bessere Alternativen umsteigen, z. B. ÖPNV oder Carsharing?
- Prüfe deine Kosten für Lebensmittel. Bekommst du in deinem Supermarkt die beste Qualität für den besten Preis?
- Baue dir einen Sparduschkopf sowie einen Sparwasserhahn ein.
- Spare Strom durch die Vermeidung des Standby-Modus bei Elektrogeräten oder installiere automatisch abschaltbare Steckdosen.
- Spare Strom, indem du die Wäsche an der Luft trocknest, anstatt einen Wäschetrockner zu nutzen.
- Prüfe den Wechsel des Stromanbieters, des Internetproviders oder die Erneuerung deines Handyvertrages.
- Achte darauf, Bankkonten mit niedrigen oder keinen Kontoführungsgebühren zu wählen.

ZINSEN, DIE DU DIR SPAREN KANNST!

Schulden stellen nicht immer ein Problem dar, denn auch indem du Schulden aufnimmst, kannst du deine finanziellen Ziele erreichen – wenn du richtig vorgehst. Sehr wichtig ist es, dass du zwischen guten und schlechten Schulden zu unterscheiden weißt. Gute Schulden vermehren langfristig dein Vermögen. Dies kann eine Investition in deine Bildung sein, etwa ein Bildungskredit oder auch ein Immobilienkredit.

Schlechte Schulden sind Kredite, die dir immer mehr Geld aus der Tasche ziehen. Dazu zählen Schulden aus Konsumkäufen, wie kreditfinanzierter Urlaub, ein auf Pump gekauftes Auto oder auch der Dispokredit, der sehr kostspielig ist. Überziehungszinsen, d.h. Kosten, die fällig werden, wenn dein Konto im Minus ist («Dispo-Zinsen»), liegen häufig im zweistelligen Bereich, weshalb diese Kreditart sehr teuer für dich ist. All das kannst du dir sparen!

Dein Motto sollte deshalb lauten: Schnell raus aus dem Dispo! Entweder du hast Vermögen, das du zum Abbau des Dispos nutzen kannst. Oder du versuchst, den Dispokredit mit einem anderen Kredit zusammenzufassen – zu günstigeren Zinsen. Das solltest du mit deiner Bank besprechen.

WAS KANNST DU TUN, UM SCHULDENFREI ZU BLEIBEN ODER DEINE SCHULDEN ZU TILGEN?

Finde im Folgenden heraus, was du in Zukunft tun könntest, um dir teure Zinsen zu sparen. Vielleicht kennst du dich auch schon gut aus? Dann markiere, was für dich gut funktioniert, um deine Finanzen im Blick zu behalten und Kreditzinsen zu vermeiden.

- [ ] Führe ein Haushaltsbuch. So behältst du deine Finanzlage im Blick und kannst frühzeitig gegensteuern, wenn dein Konto droht, ins Minus zu rutschen.
- [ ] Achte stets auf ausreichend Guthaben auf dem Girokonto für Miete, Strom und Heizung.
- [ ] Tätige keine unüberlegten Käufe. Oft handelt es sich um Konsumausgaben, die nicht nötig sind.
- [ ] Baue einen Rettungsanker auf. So kannst du vermeiden, dass du in den Dispo rutschst.
- [ ] Tilge deinen aktuellen Kredit Schritt für Schritt. So wirst du deine Schulden schnellstmöglich los, und du sparst dir Zinszahlungen, die du ansonsten leisten musst.
- [ ] Baue ein Nebeneinkommen auf, wenn es dir zeitlich möglich ist. Das Nebeneinkommen kannst du nutzen, um Schulden schneller abzubauen.
- [ ] Prüfe, ob du Anspruch auf staatliche Hilfen hast. Steht dir Unterstützung zu, solltest du diese auch nutzen.
- [ ] Nimm eine professionelle Beratung in Anspruch.* Fühlst du dich überfordert, suche dir professionelle Hilfe und Unterstützung bei einer Schuldnerberatung. Träger dieser Beratungen sind meist gemeinnützige Organisationen wie die Arbeiterwohlfahrt, Caritas, Diakonie oder das Deutsche Rote Kreuz. Auch Verbraucherzentralen oder kommunale Stellen können Ansprechpartner sein.

* Du brauchst dich für deine Schulden nicht zu schämen. Überwinde deine Sorgen und suche dir bei Bedarf effektive Hilfe – du bist nicht allein.

GELD ZURÜCK MIT DER STEUERERKLÄRUNG

Hast du schon mal eine Steuererklärung abgegeben?

- [ ] **JA**
- [ ] **NEIN**

Nein? In diesem Fall unterliegst du wahrscheinlich keiner Abgabepflicht. Bestimmte Personengruppen können ihre Steuererklärung freiwillig abgeben. Das lohnt sich meist, denn üblicherweise kannst du eine Steuerrückerstattung erwarten. Sollte dies nicht der Fall sein – du also zu einer Nachzahlung aufgefordert wirst –, kannst du Einspruch einlegen und die Steuererklärung zurückziehen. Du hast dabei also kein Risiko. Probiere es doch mal aus. Du wirst feststellen, dass es gar nicht so schwer ist.

Auch wenn du schon über Erfahrung mit Steuererklärungen verfügst, helfen dir die folgenden Ausführungen vielleicht dabei, weitere potenzielle Ausgaben aufzudecken, von denen der Staat Teile erstattet. Das kann eine höhere Steuererstattung oder eine geringere Nachzahlung bei verpflichtender Abgabe bedeuten.

+ Setze ein + bei Steuervorteilen, die du bereits umsetzt.

○ Setze einen Kreis bei Steuervorteilen, die du interessant findest.

– Setze ein – bei Steuervorteilen, die du nicht interessant findest.

- Du bist Pendler:in und musst jeden Tag einen weiten Weg zur Arbeit zurücklegen. Somit kannst du für jeden dieser Tage 30 Cent pro Kilometer als Werbungskosten geltend machen – dein zu versteuerndes Einkommen reduziert sich entsprechend.

- Auch als Auszubildende:r kannst du Fahrten zum Ausbildungsbetrieb und zur Berufsschule absetzen, d.h. als Werbungskosten geltend machen.

- Du zahlst Beiträge für Gewerkschaften, diese zählen ebenfalls zu den Werbungskosten, die abzugsfähig sind.

- Du hast Fachbücher gekauft oder Arbeitsmittel wie Taschenrechner, Schreibwaren oder auch den Rucksack für die Berufsschule. Diese Ausgaben kannst du ebenso als Werbungskosten ansetzen.

- Du besitzt ein Konto und zahlst Kontoführungsgebühren. Kontoführungsgebühren sind abzugsfähig.

- Du hast Sonderausgaben wie Betreuungskosten für Kinder unter 14 Jahren. Diese sind abzugsfähig.

- Du zahlst Altersvorsorge-Beiträge für Rürup- oder Riester-Verträge oder Ausbildungskosten für eine Erstausbildung (z. B. Bachelor). Diese Beträge können angerechnet werden.

- Du hast deine Wohnung renoviert oder eine Putzkraft beschäftigt. Handwerkerrechnungen oder Kosten für haushaltsnahe Dienstleistungen kannst du geltend machen.

- Du hast gespendet? Spenden reduzieren deine Steuerlast ebenfalls, du kannst erhaltene Spendenquittungen einreichen.

- Wenn du zur Miete wohnst, kannst du deine Nebenkostenabrechnung geltend machen.

- Du hast nur einen Teil des Jahres gearbeitet, z. B. als Berufsanfänger:in. Die geltenden Freibeträge werden nur zeitanteilig bei der Besteuerung berücksichtigt.

- Auch einige familiäre Ereignisse sind steuerrelevant – beispielsweise durch Heirat können Ehepaare ggf. ihre Steuerlast durch das Ehegattensplitting reduzieren.

Welchen Weg nutzt du aktuell, um deine Steuererklärung abzugeben?

- [ ] Keinen, da ich sie nicht abgebe(n muss)
- [ ] Elster ohne zusätzliche Software
- [ ] Elster mit zusätzlicher Software
- [ ] Unterstützung durch Lohnsteuerhilfeverein
- [ ] Unterstützung durch Steuerberater:in

Möchtest du diesen Weg weiter beschreiten oder einen anderen Weg einschlagen?

Grundsätzlich gelten bestimmte Fristen für die Abgabe der Steuererklärung. Die gültigen Fristen hängen davon ab, ob du einer Abgabepflicht unterliegst oder nicht. Es spielt auch eine Rolle, ob du die Erklärung durch einen Lohnsteuerhilfeverein oder einen Steuerberater anfertigen lässt. Wir empfehlen dir, die aktuell gültigen Fristen für deinen individuellen Fall im Internet zu recherchieren.

VERSICHERUNGEN: WELCHE BRAUCHST DU WIRKLICH?

Menschen schließen Versicherungen ab, um sich gegen Risiken abzusichern, die hohe Kosten verursachen könnten. Aber jede Versicherung kostet Geld. Bisweilen werden relative hohe Beiträge fällig. Wir empfehlen deshalb, eine «Überversicherung» aller erdenklichen Risiken zu vermeiden.

Einige Versicherungen sind Pflicht – hier hast du keine Wahl. Damit du entscheiden kannst, welche Versicherungen du darüber hinaus abschließen solltest, raten wir dir zu folgendem Ansatz: Stelle dir bei jeder Versicherung die Frage, ob der Schadensfall deine finanzielle Existenz ruinieren würde. Diese Risiken solltest du absichern. Wenn du den Schaden selbst abfedern kannst, solltest du dir die Beiträge sparen und auf die Versicherung verzichten.

ANALYSIERE IM FOLGENDEN DEINE SITUATION.

Unterstreiche die Versicherungen, die du bereits hast.

Ziehe eine Wellenlinie bei Versicherungen, die du interessant findest.

Streiche die Versicherungen durch, die du nicht interessant findest.

DIE FOLGENDEN VERSICHERUNGEN EMPFEHLEN WIR:

KRANKENVERSICHERUNG (PFLICHT)

Erstattet die Kosten für die Behandlung von Erkrankungen. Wenn du krankheitsbedingt länger bei der Arbeit ausfällst, springt die Krankenversicherung ein, sodass dein Lohn fortgezahlt wird. Diese Versicherung ist gesetzlich vorgeschrieben.

GESETZLICHE RENTENVERSICHERUNG (PFLICHT)

Für festangestellte Arbeitnehmer:innen ist diese Versicherung Pflicht. Sie stellt sicher, dass dir im Ruhestand jeden Monat eine Rente ausgezahlt wird. Für Selbstständige kann die Versicherungspflicht ebenfalls gelten, dies hängt von der Tätigkeit und den genauen Umständen ab. Du kannst in der Selbstständigkeit auch freiwillig in die gesetzliche Rentenversicherung einzahlen. Bist du selbstständig, solltest du dich hierüber im Detail informieren.

PRIVATE HAFTPFLICHTVERSICHERUNG

Erstattet Schäden, die im privaten Umfeld unbeabsichtigt verschuldet werden. Vollständig und in voller Höhe – je nach Schadensfall kann dies in die Millionen gehen. Der Abschluss einer privaten Haftpflichtversicherung ist deshalb zu empfehlen.

KFZ-HAFTPFLICHTVERSICHERUNG

Die Kfz-Haftpflichtversicherung ist eine in vielen Ländern gesetzlich vorgeschriebene Versicherung für Fahrzeugbesitzer. Sie dient dem Schutz Dritter vor Schäden, die durch den Gebrauch eines Fahrzeugs entstehen können.

BERUFSUNFÄHIGKEITSVERSICHERUNG

Sichert den Ausfall deines Erwerbseinkommens ab – für den Fall, dass du nicht mehr fähig bist, aufgrund von Krankheit wieder arbeiten zu gehen. Je jünger du bei Vertragsabschluss bist, desto günstiger ist der Tarif. Der Abschluss einer BU-Versicherung ist deshalb zu empfehlen.

DIE FOLGENDEN VERSICHERUNGEN EMPFEHLEN WIR:

RISIKOLEBENSVERSICHERUNG
Zahlt eine feste Summe an deine Angehörigen, solltest du sterben. Sie ist wichtig, wenn du einen Hauskredit abbezahlst oder deine Familie auf dein Einkommen angewiesen ist.

WOHNGEBÄUDEVERSICHERUNG
Ist ein Muss für jede:n Hausbesitzer:in. Sie zahlt bei Schäden, die Sturm, Hagel, Feuer oder Leitungswasser im Haus anrichten.

HAUSRATVERSICHERUNG
Zahlt für Schäden an deiner Wohnungseinrichtung auf Basis des Neuwerts. Verursacht durch Feuer, Leitungswasser oder Sturm, aber auch bei Diebstahl, Vandalismus, Raub.

RECHTSSCHUTZVERSICHERUNG
Übernimmt Anwalts- und Gerichtskosten bei Rechtsstreitigkeiten. Es gibt verschiedene Pakete wie Berufs-, Wohn- oder Verkehrsrechtsschutz.

AUSLANDSKRANKENVERSICHERUNG
Wenn du ins Ausland reist, brauchst du eine Auslandskrankenversicherung. Sonst musst du im Krankheitsfall mindestens teilweise deine Behandlungskosten selbst bezahlen. Dies kann im Falle von Klinikkosten sehr teuer werden.

TIERHAFTPLICHTVERSICHERUNG
Die Tierhaftpflichtversicherung ist eine spezielle Versicherungsform, die Schäden abdeckt, die durch Haustiere, typischerweise Hunde oder Pferde, verursacht werden.

VON DIESEN VERSICHERUNGEN RATEN WIR AB:

HANDY-VERSICHERUNG

Bei Schäden am Handy bekommst du den Schaden ersetzt. Das klingt nicht schlecht, aber die Kosten für die Versicherung sind häufig hoch. Der Diebstahl des Handys ist dabei oft ausgeschlossen.

UNFALLVERSICHERUNG

Zahlt einen vereinbarten Geldbetrag, wenn du durch einen Unfall Schäden davonträgst. Sie greift aber nicht bei Krankheit. Sollte dir eine BU-Versicherung nicht gewährt werden, dann wäre die Unfallversicherung eine Alternative. Grundsätzlich empfehlen wir sie aber nicht.

GLASBRUCHVERSICHERUNG

Viele Glasschäden sind bereits mit anderen Versicherungen wie privater Haftpflicht, Wohngebäude- oder Hausratversicherung abgedeckt.

BRILLENVERSICHERUNG

Kostet im Jahr bisweilen mehr als eine neue Brille und ist auch in anderen Versicherungen mit abgedeckt.

REISEGEPÄCKVERSICHERUNG

Meist teuer und leistet wenig. Während des Fluges ist die Fluggesellschaft für dein Gepäck verantwortlich. Bei Pauschalreisen der Reiseveranstalter.

DEIN RETTUNGSANKER

Ein sogenannter Rettungsanker ist eine Reserve, die du ansparen kannst, bevor du mit dem Vermögensaufbau (z. B. in Aktien investieren) startest. Musst du beispielsweise dein Auto dringend reparieren lassen oder eine hohe Zahnarztrechnung begleichen, wirst du mit diesem Polster nicht gezwungen sein, dein Konto zu überziehen, dir Geld zu leihen oder teure Dispo-Zinsen in Kauf zu nehmen. Die landläufige Empfehlung lautet, mindestens drei Nettomonatsgehälter anzusparen. Alternativ kannst du in Betracht ziehen, eine Summe X zurückzulegen, mit der du und deine engste Familie sechs Monate über die Runden kommt. Welche Summe für dich die richtige ist und wie du sie ansparen kannst, das erarbeitest du dir in dieser Übung.

Wir geben dir drei Möglichkeiten an die Hand, wie du einen Zielbetrag für deinen Rettungsanker definieren kannst, mit dem du dich wohlfühlst und dadurch für einige Zeit abgesichert bist. Probiere ruhig alle Methoden aus und entscheide im letzten Schritt, welcher Betrag sich für dich richtig und sinnvoll anfühlt. Wenn du magst, kannst du die entsprechende Box farblich hervorheben.

ANSATZ 1:

MONATLICHES NETTOEINKOMMEN MAL DREI

Wie hoch ist dein monatliches Nettoeinkommen? Du hast es auf Seite 74 schon eingetragen. Multipliziere dein monatliches Nettoeinkommen mit drei und trage das Ergebnis hier ein:

ANSATZ 2:

AUSGABEN FÜR SECHS MONATE ABDECKEN

Schaue in die Übung «Einnahmen vs. Ausgaben» auf Seite 80 – was sind deine fixen Kosten pro Monat? Was sind deine variablen Kosten pro Monat (z.B. für Lebensmittel etc.)? Addiere die fixen Kosten und variablen Kosten. Multipliziere diese Summe mit sechs und trage das Ergebnis hier ein:

ANSATZ 3:

FREIE ENTSCHEIDUNG

Entscheide selbst, wie viel du für einen Rettungsanker zurücklegen willst, damit du dich sicher fühlst. Trage hier deine Zielsumme ein:

DEINE SPARRATE

Ein empfohlener Richtwert, um langfristig zu sparen, ist eine Sparquote, die bei zwischen 10 und 30 Prozent deines Nettomonatsgehalts liegt. Was dein idealer Richtwert ist, darfst du für dich selbst bestimmen. Überprüfe deine Sparrate regelmäßig. Man kann nicht alles zu 100 Prozent planen – passe deine Sparrate bei wesentlichen Veränderungen deiner Einnahmen oder Ausgaben an.

Nachdem du in der letzten Übung Einsparpotenziale erkannt und deinen Rettungsanker definiert hast, geht es jetzt darum, festzulegen, wie hoch deine Sparrate pro Monat sein soll, sei es, weil du einen Rettungsanker ansparen willst oder für andere Zwecke Geld beiseitelegen möchtest.

Setze dich nicht unter Druck, die benötigte Summe für deinen Rettungsanker oder deine Ziele sofort erreichen zu müssen. Wichtig ist vielmehr, dass du dich auf den Weg machst.

Wenn du etwas sparen möchtest, wie viel möchtest du von deinem Nettogehalt jeden Monat beiseitelegen?

SPARRATE: **EURO**

Wie viel Prozent deines Nettoeinkommens sind das genau?
Rechnung: Sparrate in EUR / Nettoeinkommen in EUR = Sparquote in Prozent

PROZENT

SPARE DURCH DEIN KONTENMODELL

Bei der Betrachtung deiner Vermögenssituation ist dir bereits bewusst geworden, wie viele Konten du besitzt und wo dein Geld liegt. Das Drei-Konten-Modell ist ein bewährter Weg, um deine Sparziele umzusetzen. Damit bist du in der Lage, deinen Konsum vom Vermögensaufbau zu trennen. Wir haben dir eine Anleitung zusammengestellt.

1. Dein Girokonto dient dir als Gehalts- und Konsumkonto. Auf dieses geht dein Gehalt ein, und von diesem begleichst du deine fixen und variablen Ausgaben. Auch deine Sparrate geht von diesem Konto ab.

2. Du führst mindestens ein Tagesgeldkonto als «Rettungsanker-Konto». Bevor du dich daran wagst, etwas zu investieren, solltest du ausreichend Rücklagen aufbauen, um dich für den Fall von finanziellen Engpässen und unvorhergesehenen Ausgaben abzusichern. Wir empfehlen dir, zudem weitere Tagesgeld-Unterkonten für kurz- bis mittelfristig geplante Anschaffungen oder Ausgaben zu eröffnen (wie zum Beispiel für einen Urlaub).

3. Ein Vermögenskonto dient dir als Depot für Geld, das du investieren möchtest, um langfristig Kapital aufzubauen – in erster Linie für deine Altersvorsorge. Dies kann ein Depot-Verrechnungskonto für die Investition in Wertpapiere sein (Aktien, Fonds, ETFs).

CHECKLISTE ZUR UMSETZUNG DES DREI-KONTEN-MODELLS:

Welche Konten (Girokonto / Tagesgeldkonto / Verrechnungskonto inkl. Depot / Sparbuch / Sonstige) besitzt du?

Was kosten dich diese Konten an Kontoführungsgebühren?

Welche Konten solltest du auflösen?

Welche Konten benötigst du darüber hinaus (z.B. ein Konto, um für den Urlaub zu sparen)?

#9

MEHR GEHT IMMER

IN DIESER ÜBUNG WIRST DU…

- herausfinden, wie du deine Einnahmen erhöhen kannst,
- über die Themen Lohn, Nebenjob und Selbstständigkeit nachdenken,
- konkrete (berufliche) Ziele festlegen und einen ersten Plan dafür aufstellen.

Neben einer Senkung deiner Ausgaben kannst du deine finanziellen Ziele natürlich auch durch eine Erhöhung deiner Einnahmen erreichen. Hast du schon einmal daran gedacht, dein Gehalt neu zu verhandeln, dir im Beruf Ziele zu stecken, einen Nebenjob anzunehmen oder in die Selbstständigkeit zu starten? Diese Übung soll dich inspirieren, kreativ zu werden und deine Fähigkeiten und Talente wertzuschätzen.

TIPP

Anstatt dich zu fragen, wie du mehr Geld verdienst, frage dich: Was kann und möchte ich anderen Menschen geben und wie werde ich dafür bezahlt?

Du verdienst es,
gut zu verdienen.

EINNAHMEN ERHÖHEN

Kreuze an, welche Ideen für dich infrage kommen können.

IM BERUF

- [ ] Für Angestellte: Einmal jährlich kannst du mit deinem Arbeitgeber über eine Gehaltserhöhung verhandeln.
- [ ] Für Selbstständige: Du bist in der Lage, Preise für deine Produkte oder Dienstleistungen festzulegen oder zu verhandeln. Prüfe regelmäßig, inwieweit du Preise anheben kannst.

PRÜFE, OB STAATLICHE LEISTUNGEN FÜR DICH RELEVANT SIND

- [ ] Wohngeld: Staatlicher Mietzuschuss für Menschen mit geringem Einkommen.
- [ ] Kindergeld: Für jedes Kind erhalten Eltern eine monatliche Kindergeldzahlung – unter Umständen besteht der Anspruch bis zum 25. Lebensjahr.
- [ ] Elterngeld: Soll einen Ausgleich schaffen, falls die Eltern weniger Einkommen haben, weil sie nach der Geburt zeitweise weniger oder gar nicht mehr arbeiten.
- [ ] BAföG: Staatliche Förderung für Studierende, Auszubildende und Schüler:innen, um die erste Ausbildung zu finanzieren.

Berufsausbildungsbeihilfe (BAB): Unterstützungsleistung der Bundesagentur für Arbeit für Auszubildende, die während der Ausbildung in einer eigenen Wohnung wohnen.

Arbeitslosengeld: Geldleistung der Bundesagentur für Arbeit, mit der du die Zeit zwischen zwei Jobs überbrücken kannst.

SONSTIGE MÖGLICHE EINNAHMEQUELLEN

Nebenjob: Solltest du Zeit und Lust haben – ein Nebenjob kann dir ein attraktives Zusatzeinkommen bieten. Suche dir am besten eine Tätigkeit, die dir Spaß macht.

Ehrenamt: Du kannst neben deinem Beruf auch ehrenamtlich tätig werden – als Trainer:in, Betreuer:in oder auch als Wahlhelfer:in. Dann darfst du dafür eine steuerfreie Aufwandspauschale annehmen: den Ehrenamtsfreibetrag.

Loslassen: Dinge, die du nicht mehr benötigst, kannst du auf Flohmärkten oder Onlineplattformen verkaufen.

Verkaufe deine Zeit in Form von Dienstleistungen: Biete an, Rasen zu mähen oder mit dem Hund rauszugehen. Auch Nachhilfe oder die Programmierung von Webseiten sind Optionen.

Steuererklärung: Gib deine Steuererklärung ab, denn du bekommst wahrscheinlich eine Erstattung.

Gründe dein eigenes Business: Verkaufe Produkte oder biete Dienstleistungen an. Mehr dazu findest du unter *www.rowohlt.de/geschaeftsidee*

DEIN LOHN

Bist du zufrieden mit deinem aktuellen Gehalt und deinen Zusatzleistungen?

Wann hast du zuletzt dein Gehalt oder deine Zusatzleistungen verhandelt?

Wann hast du zuletzt eine Gehaltserhöhung erhalten und warum?

Hast du Argumente auf deiner Seite, die ein höheres Gehalt rechtfertigen?

EINE IDEE VERWIRKLICHEN

Wenn du dir neben deinem Job oder Studium etwas aufbauen möchtest, um deine Einnahmen zu erhöhen, können dir die folgender Fragen dabei helfen, deinen Weg zu finden.

Gibt es etwas, das dir neben deiner Arbeit besondere Freude bereitet?

Würdest du mit dieser Fertigkeit oder Fähigkeit gerne Geld verdienen?

Gibt es sonst etwas, mit dem du gerne neben deiner Arbeit Geld verdienen würdest? Was ist das?

Was würdest du lieber machen: deine Fähigkeiten in einem Nebenjob einbringen oder eine Idee für deine Selbstständigkeit umsetzen? Schreibe deine Gedanken hier auf.

INPUT → OUTPUT

Weiterbildung ist ein Weg, um deine Fähigkeiten auszubauen und deinen Zielen, auch den finanziellen, näher zu kommen. Die Welt ist in stetigem Wandel, und ständig entstehen neue spannende Felder, auf denen man sich ausprobieren und die eigenen Fähigkeiten entdecken oder ausspielen kann.

Durch Weiterbildung nimmst du an diesem Wandel teil, lernst neue interessante Ideen und Menschen kennen und kannst dein erworbenes Wissen nutzen, um deine Ideen und Ideale selbstbewusst zu verwirklichen. Ebenso steigert Weiterbildung deinen Marktwert und fördert die berufliche und persönliche Entwicklung.

Was war eine Aus- oder Weiterbildung, die dir wirklich geholfen hat?

Was genau war hilfreich?

Welche Person hat dich schon mal enorm gefördert?

Wie hat dich die Person gefördert, und warum war die Förderung so hilfreich?

Wie wichtig ist es dir, dich in deiner aktuellen Situation weiterzubilden?

Was würde dich dazu motivieren, dich weiterzubilden?

Hast du schon Weiterbildungen im Blick?

Welche Formen der Weiterbildungen sprechen dich an?

	FINDE ICH NICHT GUT	FINDE ICH GUT
Seminare	☐	☐
Workshops	☐	☐
Vorträge	☐	☐
Fachbücher	☐	☐
Zertifikatskurse	☐	☐
Webinare	☐	☐
Online-Kurse	☐	☐
Fernstudium	☐	☐
Lehrgänge	☐	☐
Selbststudium	☐	☐
Lerngruppe	☐	☐
Coaching	☐	☐
Mentoring	☐	☐

Auf diesen Seiten hast du Platz, die Weiterbildung(en) festzuhalten, die du anvisieren möchtest. Frage dich nach der Übung, ob du eine oder mehrere Weiterbildungen jetzt angehen möchtest.

IN WELCHE PERSÖNLICHE ODER BERUFLICHE WEITERBILDUNG MÖCHTEST DU INVESTIEREN?	**WIE VIEL GELD WIRST DU VERMUTLICH IM NÄCHSTEN MONAT FÜR WEITERBILDUNG AUSGEBEN, VORAUSGESETZT, DU SETZT DIESES INVESTMENT UM?**
Zum Beispiel: Bücher, (Online-)Kurse, Workshops, Erlebnisse	*Zum Beispiel:* Summe X

WAS WÜRDEST DU DURCH DIESES INVESTMENT GEWINNEN?	WAS KÖNNTE SICH IN DEINEM LEBEN VERÄNDERN, WENN DU DIESE SACHEN WIRKLICH ERHÄLTST?
Zum Beispiel: Zertifizierungen, Wissen, neue Erkenntnisse, tolle Erfahrungen, persönliche Entwicklung	*Zum Beispiel:* Karrierechancen, höheres Einkommen

#10

WOLF OF WALL STREET

IN DIESER ÜBUNG WIRST DU …

- reflektieren, wie du dein Geld aktuell investierst,
- verschiedene Anlagemöglichkeiten kennenlernen,
- herausfinden, ob und wie du dein Geld investieren möchtest.

In dieser Übung geht es darum zu verstehen, wie du dein Geld langfristig investieren kannst. Um dein Vermögen zu vermehren und dich damit auch für deinen Ruhestand, zusätzlich zur gesetzlichen Rente, privat abzusichern. Denn du solltest in jedem Fall auch privat für dein Alter vorsorgen. Grundsätzlich gibt es unzählige Anlagemöglichkeiten, und täglich kommen neue hinzu. Auf die Frage, in welche Anlageprodukte man sein Geld investieren sollte, hat üblicherweise jede:r eine andere Antwort. In der folgenden Übung geben wir dir eine Struktur an die Hand, die dir hilft, deine Erfahrungen zu reflektieren, deine Kenntnisse zu vertiefen und Investitionsmöglichkeiten zu finden, die zu deiner persönlichen Situation passen.

TIPP

Setze nicht alles auf eine Karte. Wenn es dir möglich ist, verteile dein Geld auf mehrere Anlagemöglichkeiten.

Beim Investieren gibt es kaum eine Chance auf Erfolg ohne Risiko. Je höher das Risiko, desto höher die Chance auf Erfolg. Sei dir des Risikos eines Totalausfalls bewusst.

ALTERSVORSORGE UND ZINSESZINSEFFEKT

WARUM IST ALTERSVORSORGE SO WICHTIG?

Wenn du irgendwann einmal in den Ruhestand gehst, wirst du voraussichtlich weit weniger Rente vom Staat bekommen, als du ehemals Lohn verdient hast. Aktuelle Entwicklungen wie der demografische Wandel, eine höhere Lebenserwartung oder auch steigende Lebenshaltungskosten verschärfen die Situation.

Deshalb ist es wichtig, so früh wie möglich in die private Altersvorsorge zu investieren. Je früher man beginnt, umso leichter wird es, dank Zinseszinseffekt, ein ausreichend großes Vermögen für den Ruhestand aufzubauen.

WAS IST DER ZINSESZINSEFFEKT?

Um langfristig Vermögen aufbauen zu können, ist es wichtig, den Zinseszinseffekt zu verstehen. Er ist die Basis dafür, dass dein Geld «für dich arbeitet». Albert Einstein beschrieb ihn einmal als das «achte Weltwunder». Der Zinseszinseffekt tritt ein, wenn du Erspartes über eine lange Zeit investierst und zu den in den Vorjahren verdienten Erträgen (z. B. Zinsen) wieder neue Erträge hinzukommen.

Das angelegte Kapital wächst deutlich schneller, wenn du erhaltene Erträge erneut anlegst, statt sie auszugeben. Im Gegensatz zum einfachen Zins steigt der Wert des angelegten Geldes beim Zinseszins nämlich nicht gleichbleibend (linear), sondern er steigt von Jahr zu Jahr stärker (exponentiell).

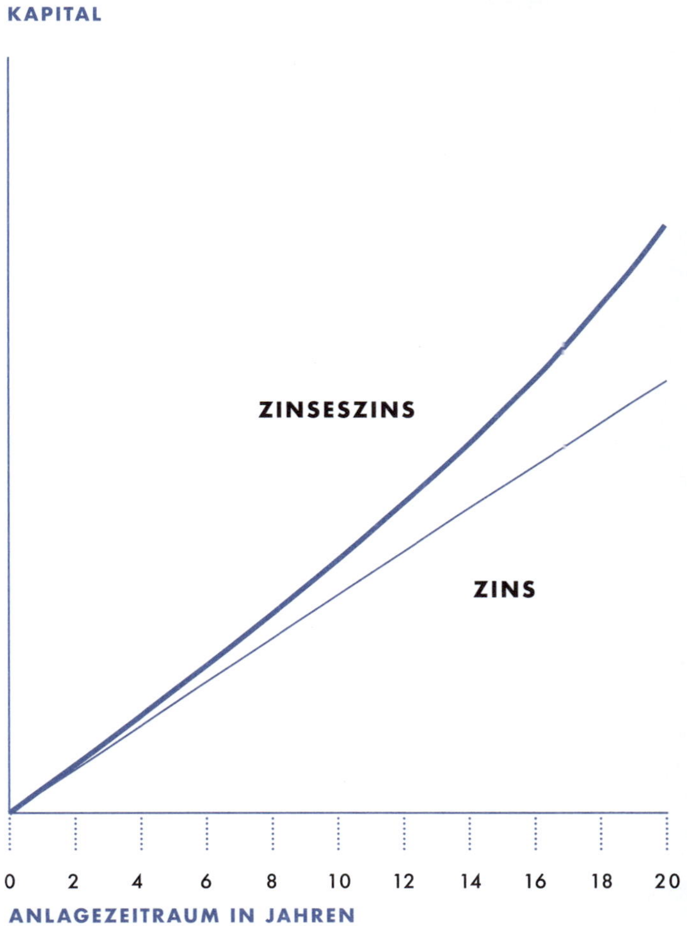

Lineare und exponentielle Wertentwicklung von 10000 Euro über 20 Jahre bei einem Zinssatz von 5 Prozent.

Würdest du eher risikoarm mit einer Chance auf eine geringe Rendite investieren oder eher risikoreich, mit einer Chance auf eine hohe Rendite? Oder eine Mischung aus beidem? Warum?

Sind bzw. wären dir ethische Grundsätze und Nachhaltigkeit bei Investitionen wichtig, oder würdest du ausschließlich Investitionen mit potenziell hohen Renditen tätigen?

Möchtest du dich selbstständig informieren oder dich durch eine:n Finanzberater:in beraten lassen?

Mit welchen Geld-Anlagemöglichkeiten kennst du dich gut aus? Mit welchen weniger gut?

- (+) Ich kenne mich gut damit aus.
- (o) Ich habe Grundkenntnisse.
- (–) Ich kenne mich nicht damit aus.

- ◯ Tagesgeldkonto
- ◯ Festgeldkonto
- ◯ ETFs
- ◯ Aktien
- ◯ Aktienfonds
- ◯ Kryptowährungen
- ◯ Immobilien
- ◯ Rohstoffe
- ◯ ……………………………………………

TAGESGELDKONTO

Ein Tagesgeldkonto ist ein Konto mit Zinsen, über dessen Geldeinlage du täglich frei verfügen kannst.

VORTEILE:
Du hast eine hohe Sicherheit und kannst dein Geld jederzeit ein- oder auszahlen.

NACHTEILE:
Du hast eine niedrigere Rendite, und Zinsen können zeitlich begrenzt sein.

EMPFEHLUNG:
Ideal für dich, wenn du eine Geldreserve aufbauen willst (z.B. deinen Rettungsanker) oder du auf eine größere Ausgabe hin sparst (z.B. einen Urlaub).

KREUZE AN:

- [ ] Das mache ich bereits.
- [ ] Finde ich interessant.
- [ ] Finde ich nicht interessant.
- [ ] Darüber werde ich mich informieren.

FESTGELDKONTO

Das Festgeldkonto ist ein verzinstes Konto bei einer Bank, auf dem du einen bestimmten Betrag über eine bestimmte Laufzeit fest anlegen kannst.

VORTEILE:
Du hast eine hohe Sicherheit und über eine vereinbarte Laufzeit einen festen Zinssatz.

NACHTEILE:
Du hast eine niedrigere Rendite und kannst über das Geld während der vereinbarten Laufzeit nicht verfügen.

EMPFEHLUNG:
Ideal für dich, wenn du Geld, das du für einen gewissen Zeitraum nicht benötigst, sicher anlegen möchtest.

KREUZE AN:

- [ ] Das mache ich bereits.
- [ ] Finde ich interessant.
- [ ] Finde ich nicht interessant.
- [ ] Darüber werde ich mich informieren.

ETF

Ein ETF (Exchange Traded Funds) ist ein börsengehandelter Indexfonds, der beispielsweise Aktienindizes wie DAX oder NASDAQ abbildet. Er besteht damit im Grunde aus vielen einzelnen Aktien. ETFs können einfach und schnell an der Börse gehandelt werden.

VORTEILE:
Im Vergleich zu Tages- oder Festgeldkonten kannst du in dieser Anlageklasse langfristig höhere Renditen erzielen. Über ETFs kannst du einfach in verschiedene Märkte und Kontinente investieren, sie sind zu Börsenöffnungszeiten jederzeit handelbar.

NACHTEILE:
Du hast keine Garantie für eine Rendite, und die Kurse schwanken täglich, wenn auch nicht so stark wie bei Aktien.

EMPFEHLUNG:
Ideal für dich, wenn du dein Geld bei moderatem Risiko langfristig (+10 Jahre) anlegen möchtest.

KREUZE AN:

- [ ] Das mache ich bereits.
- [ ] Finde ich interessant.
- [ ] Finde ich nicht interessant.
- [ ] Darüber werde ich mich informieren.

AKTIENFONDS

Aktienfonds ähneln ETFs. Der Hauptunterschied: Aktienfonds werden aktiv von einem Fondsmanagement gemanaged. Die Zusammensetzung eines Aktienfonds – im Grunde das enthaltene Aktienportfolio – wird durch das Fondsmanagement vorgegeben.

VORTEILE:
Im Vergleich zu Tages- oder Festgeldkonten kannst du in dieser Anlageklasse langfristig höhere Renditen erzielen. Über Aktienfonds kannst du einfach in verschiedene Märkte und Kontinente investieren.

NACHTEILE:
Im Vergleich zu einem ETF entstehen höhere Gebühren durch das aktive Fondsmanagement, was langfristig gesehen eine geringere Rendite bedeuten kann. Wie bei den ETFs hast du keine Garantie für eine Rendite, und die Kurse schwanken täglich, wenn auch oft nicht so stark wie bei Aktien.

EMPFEHLUNG:
Ideal für dich, wenn du dein Geld ohne großes Risiko langfristig (+10 Jahre) anlegen möchtest.

KREUZE AN:

- [ ] Das mache ich bereits.
- [ ] Finde ich interessant.
- [ ] Finde ich nicht interessant.
- [ ] Darüber werde ich mich informieren.

AKTIEN

Mit Aktien hältst du Anteile an Unternehmen, durch die du über Gewinnausschüttungen (Dividenden) oder Kurssteigerungen profitierst.

VORTEILE:
Du kannst hohe Renditen erzielen, hast Aussicht auf Dividenden und kannst die Wertpapiere zu Börsenöffnungszeiten flexibel handeln.

NACHTEILE:
Ein Totalverlust ist ebenso möglich wie große Kursschwankungen, du hast keine fixen Renditen.

EMPFEHLUNG:
Ideal für dich, wenn du dein Geld langfristig und risikobereit anlegen willst und dich eingehend mit den jeweiligen Unternehmen beschäftigen möchtest.

KREUZE AN:

- [ ] Das mache ich bereits.
- [ ] Finde ich interessant.
- [ ] Finde ich nicht interessant.
- [ ] Darüber werde ich mich informieren.

KRYPTOWÄHRUNGEN

Eine Kryptowährung ist ein digitales Zahlungsmittel auf der Grundlage eines Blockchain-Systems. Guthaben wird in Form von Computercode von einer teilnehmenden Person zur anderen übertragen.

VORTEILE:
Es sind sehr hohe Renditen möglich. Das Zahlungsmittel ist weltweit, weitgehend anonym und ohne Banken bei Bezahlvorgängen einsetzbar.

NACHTEILE:
Es handelt sich um eine hochspekulative Investitionsmöglichkeit, Totalverluste sind durchaus möglich. Auch Betrug oder Cyber-Diebstahl können nicht ausgeschlossen werden, Kryptowährungen sind noch dazu energieintensiv in der Herstellung und durch Zentralbanken nicht abgesichert.

EMPFEHLUNG:
Ideal für dich, wenn du extrem risikobereit bist und die Zeit hast, dich mit dem Thema intensiv und fortlaufend auseinanderzusetzen.

KREUZE AN:

- [ ] Das mache ich bereits.
- [ ] Finde ich interessant.
- [ ] Finde ich nicht interessant.
- [ ] Darüber werde ich mich informieren.

DAS KÖNNTE NOCH INTERESSANT FÜR DICH SEIN

AKTIENINDEX

Ein Aktienindex bildet die Wertentwicklung einer bestimmten Auswahl von festgelegten Aktien ab. Solche Aktienindizes stellen damit eine Messgröße bzw. Kennzahl für eine repräsentative Auswahl an Wertpapieren eines Landes (z.B. DAX), einer Region (z.B. EURO STOXX) oder auch einer Branche (NASDAQ) dar.

DIVERSIFIKATION

Es ist sinnvoll, Investitionen in Aktien sehr breit «zu streuen», also zu diversifizieren. Das heißt, dass du nicht nur die Aktie eines einzigen Unternehmens kaufst, sondern dass du deine Investments auf viele Unternehmen verteilst. Auch eine Diversifizierung nach Ländern oder Branchen wird empfohlen. Mit diesem Vorgehen kannst du Risiken verringern – bei gleichbleibenden Renditechancen.

DIVIDENDEN

Eine Aktie ist ein Anteil an einem Unternehmen. Wer eine Aktie kauft, wird dadurch zum:zur Miteigentümer:in des Unternehmens. Manche Firmen schütten monatlich, vierteljährlich, halbjährlich oder jährlich einen Gewinn an ihre Anteilseigner:innen aus – diese Ausschüttung nennt sich Dividende.

FINANZBERATER:INNEN

Wir alle sind Kund:innen bei Banken oder benötigen bestimmte Versicherungen. So kommen wir u. a. in Kontakt mit «Finanzberater:innen» oder «Kundenberater:innen», die zu Anlageberatungsgesprächen oder zu Produktvorstellungen einladen. Die Mitarbeiter:innen von Finanz- und Geldinstituten tragen zwar den Begriff «Berater:in» als Berufsbezeichnung, sie sind in der Regel aber auch die «Verkäufer:innen» einer Bank bzw. Versicherung. Sie befinden sich dabei oft in einem Dilemma. Einerseits möchten sie für ihren Arbeitgeber Produkte verkaufen, die für die Firma lukrativ sind und eine hohe Vergütung versprechen. Auch die individuelle Vergütung der Berater:innen kann von Zahl und Typ der verkauften Produkte abhängen. Andererseits haben Berater:innen auch die Verpflichtung, für ihre Kund:innen ein auf deren Bedürfnisse zugeschnittenes Finanzprodukt zu finden. Aus diesem Grund möchten wir dich dafür sensibilisieren, dass du in Beratungsgesprächen nicht immer neutrale Unterstützung erhältst.

Problematisch sind in diesem Zusammenhang hohe und wenig transparente Kosten der Finanzprodukte, die für dich auf den ersten Blick möglicherweise nicht ersichtlich sind. Wir empfehlen dir deshalb, dich gut auf solche Beratungsgespräche vorzubereiten und bei Unklarheiten genau nachzufragen. Unterschreibe nichts, was du nicht verstanden hast. Bitte um Bedenkzeit, bevor du dich verbindlich für ein Produkt entscheidest. Hole dir im Zweifel Rat von einem unabhängigen Dritten ein.

In sozialen Medien tummeln sich aktuell sehr viele «Finanzcoaches», die dir Unterstützung anbieten. Der Begriff «Coach» ist nicht geschützt. Das führt dazu, dass auf sozialen Medien zahlreiche «Coaches» zu unterschiedlichen Geldthemen Beratungsleistungen anbieten und dabei probieren, dich in kostenpflichtige und dubiose Abomodelle zu führen. Sei an dieser Stelle sehr vorsichtig – und lass dich zu nichts überreden, was du nicht brauchst – und dich gleichzeitig viel Geld kostet.

INDEXFONDS

Indexfonds sind Investmentfonds, die einen bestimmten Aktienindex (bspw. DAX, Dow Jones, NASDAQ) möglichst exakt nachbilden.

INVESTITION VS. TRADING

Wie du gelernt hast, lassen sich über Diversifikation und Haltedauer Risiken, die mit der Investition in Aktien verbunden sind, weitestgehend reduzieren. Wichtig in diesem Zusammenhang: Du solltest den Unterschied zwischen «Trading» von Aktien und dem Investieren in Aktien verstehen. Die Begriffe werden häufig synonym verwendet, obwohl sich die beiden Strategien grundlegend voneinander unterscheiden.

Investierst du in eine Aktie, ist es dein Ziel, diese Aktie über einen langen Zeitraum zu halten, um auf lange Sicht zu profitieren («Buy & Hold»).

Im Gegensatz dazu spekulierst du beim Trading auf kurz- und mittelfristige Kursbewegungen. Du kannst dabei auf Kursgewinne innerhalb eines Tages («Day-Trading») oder auch über mehrere Wochen oder Monate («Swing-Trading») spekulieren. Um erfolgreich «traden» zu können, braucht es neben Kapital und Erfahrung auch viel Zeit, eine individuelle Strategie und ganz klare Regeln.

Insbesondere beim Trading gehst du erhebliche Risiken ein, denen du dir unbedingt bewusst sein solltest.

Solltest du in Betracht ziehen, in Aktien zu investieren und gleichzeitig Aktien zu «traden», empfehlen wir dir, dies in verschiedenen Depots zu tun – und obige Ausführungen zu den Voraussetzungen zu berücksichtigen.

NACHHALTIGES INVESTIEREN

Unter nachhaltigem Investieren verstehen wir die Zielsetzung, sich bei der Geldanlage an Rentabilität, Sicherheit und Verfügbarkeit zu orientieren, dabei aber gleichzeitig ökologische und ethische Aspekte in die Bewertung der Anlageoptionen einzubeziehen.

Das Interesse an nachhaltiger Geldanlage wächst. Immer mehr Menschen möchten im Rahmen der Geldanlage einen positiven Beitrag leisten. Dementsprechend wächst das Angebot an als nachhaltig beworbenen Anlageprodukten. Du erkennst diese Anlagemöglichkeiten an Kürzeln wie ESG (Environmental, Social, Governance) und

SRI (Socially Responsible Investment). Manche tragen auch lediglich Zusätze wie «sustainable» oder «green» im Namen.

Aber Obacht: Es gibt keine standardisierte Definition von Nachhaltigkeit. Der Begriff ist nicht geschützt. Selbst wenn Nachhaltigkeit draufsteht, muss nicht die Nachhaltigkeit drin sein, die deinen Prinzipien entspricht. In jedem Fall solltest du umfangreich recherchieren und dich detailliert mit den Produktinformationen auseinandersetzen, wenn dir nachhaltiges Investment am Herzen liegt, daran führt kein Weg vorbei.

Je strenger die Nachhaltigkeitskriterien eines ETFs sind, desto weniger Möglichkeiten hast du, breit zu diversifizieren. Dies geht mit einem höheren Risiko einher – und kann in einer geringeren Rendite resultieren. Mache dir diesen Sachverhalt bewusst und setze deine nachhaltige Anlagestrategie mit Vorsicht um.

RENDITE

Die Rendite wird in Prozent angegeben und bezieht sich normalerweise auf einen Zeitraum von einem Jahr. Die Rendite gibt an, in welchem Verhältnis Gewinn oder Verlust zu deinem eingesetzten Kapital steht. Beispiel: Du investierst zu Jahresbeginn einen Betrag in Höhe von 1000 EUR in eine Aktie. Der Wert deiner Investition steigt und beträgt zum Jahresende 1100 EUR. Zu diesem Zeitpunkt verkaufst du die Aktien wieder. Damit erzielst du einen Gewinn vor Steuern in der Höhe von 100 EUR. Diese 100 EUR entsprechen 10 Prozent vom ursprünglich eingesetzten Kapital in der Höhe von 1000 EUR. Deine Rendite vor Steuern beträgt damit 10 Prozent.

ZINSSATZ

Zinsen sind der Preis für das Leihen von Geld. Aus Verbraucher:innensicht kann man zwischen Guthaben- und Schuldzinsen unterscheiden. Die Guthabenzinsen erhältst du für dein Guthaben – beispielsweise auf deinem Konto. Schuldzinsen musst du für deine Kredite bezahlen. Die Höhe der Zinsen hängt vom vereinbarten Zinssatz ab, der normalerweise in Prozent angegeben wird.

REFLEXION

SPARFUCHS:
Du überwachst deine Einnahmen und vor allem deine Ausgaben sehr genau und triffst in den meisten Fällen durchdachte finanzielle Entscheidungen.

TRIFFT ÜBERHAUPT NICHT AUF MICH ZU — TRIFFT ZU 100 % AUF MICH ZU

INVESTOR:IN:
Du strebst danach, dein Geld langfristig durch Investitionen in Anlageklassen wie ETFs, Aktien, Immobilien und andere Investitionen zu vermehren.

TRIFFT ÜBERHAUPT NICHT AUF MICH ZU — TRIFFT ZU 100 % AUF MICH ZU

SPENDER:IN:
Du teilst dein Geld gerne mit anderen. Sei es mit deinem persönlichen Umfeld, mit Wohltätigkeitsorganisationen oder im Rahmen von sozialen Projekten.

TRIFFT ÜBERHAUPT NICHT AUF MICH ZU — TRIFFT ZU 100 % AUF MICH ZU

IMPULSIVE:R KÄUFER:IN:
Du tätigst impulsive Käufe, sei es online oder offline, ohne lange darüber nachzudenken.

TRIFFT ÜBERHAUPT NICHT AUF MICH ZU ⟷ TRIFFT ZU 100 % AUF MICH ZU

GELDJONGLEUR:IN:
Du hast kein Problem damit, auch mal im Dispo zu sein, bist öfter damit beschäftigt, deine Finanzen kunstvoll zu balancieren und nimmst möglicherweise Kredite auf.

TRIFFT ÜBERHAUPT NICHT AUF MICH ZU ⟷ TRIFFT ZU 100 % AUF MICH ZU

RISIKOBEREITE:R:
Du bist bereit, finanzielle Risiken einzugehen, beispielsweise durch das Investment in Einzelaktien, um dein Geld dadurch schnell zu vermehren.

TRIFFT ÜBERHAUPT NICHT AUF MICH ZU ⟷ TRIFFT ZU 100 % AUF MICH ZU

SICHERHEITSORIENTIERTE:R:
Du wählst sichere Finanzprodukte wie beispielsweise einen Bausparvertrag oder das Tagesgeldkonto und willst dein Risiko minimieren, Geld zu verlieren.

TRIFFT ÜBERHAUPT NICHT AUF MICH ZU ⟷ TRIFFT ZU 100 % AUF MICH ZU

ZEITSPARER:IN:
Du wendest so wenig Zeit wie möglich für deine finanziellen Angelegenheiten auf.

TRIFFT ÜBERHAUPT NICHT AUF MICH ZU ⟷ TRIFFT ZU 100 % AUF MICH ZU

BEENDE DEN SATZ ...

Ich bin aktuell ganz klar der Geldtyp ……………………………………………………

…………………………………………………………………………………………………… .

Ich bin aktuell wohl eine Mischung aus

Geldtyp …………………………………………………………………………………… ,

Geldtyp ………………………………………………………………………………… und

Geldtyp …………………………………………………………………………………… .

Wie fühlst du dich mit deinem Ergebnis?

Falls du lieber ein anderer Geldtyp wärst, welcher wäre das?

Was könntest du tun, um diesem Wunsch näher zu kommen?

Welche Perspektive hast du nach diesem Kapitel auf deine aktuelle finanzielle Situation?

Gibt es bestimmte Aspekte oder Übungen,
die du in Zukunft noch einmal überarbeiten
oder vertiefen möchtest?

KREIERE DEINE ZUKUNFT

Was ist der erste Gedanke oder das erste Gefühl, der bzw. das in dir aufkommt, wenn du an deine finanzielle Zukunft denkst?

#11

WAS BRAUCHST DU WIRKLICH?

IN DIESER ÜBUNG WIRST DU …

- dir über deine finanziellen Wünsche bewusst,
- prüfen, wie viel Geld du wirklich für einen erfüllten Tag brauchst,
- herausfinden, wie du deine Ziele in die Tat umsetzen kannst.

Diese Übung rückt deine finanziellen Wünsche und Träume ins Rampenlicht. Auch konkrete nächste Schritte legst du fest. Aber Vorsicht: Oft neigen wir dazu, uns von unseren finanziellen Zielen treiben zu lassen, ohne zu prüfen, ob wir uns dabei nicht vielleicht selbst verlieren. Finanzielle Wünsche zu verfolgen und zugleich den Blick auf das zu richten, was man bereits hat: Beides in Einklang zu bringen, ist eine Kunst für sich. In dieser Übung realisierst du, was du alles schon hast, und du lernst, wie du dir etwas von dem erfüllen kannst, wonach du dich sehnst.

TIPP

Ein Wunsch ist etwas, das man sich erhofft. Ein Ziel ist etwas, auf das man konkret hinarbeitet. Beachte diesen Unterschied bei dieser Übung.

Finanzielle Wünsche motivieren, doch vergiss dabei das Leben nicht.

Schreibe alles auf, was dir einfällt.
Ich bin zufrieden in meinem Leben, wenn …

Wie viel Geld kostet diese Zufriedenheit?

Wofür hättest du gerne mehr Geld zur Verfügung? Schreibe zehn Wünsche auf und markiere im Anschluss deine Top 3.

WÜNSCHE	UNGEFÄHRE KOSTEN

Wie würde dein morgiger Tag aussehen, wenn du für 24 Stunden unbegrenzte finanzielle Möglichkeiten hättest?

TÄTIGKEITEN	KOSTEN

WIE VIEL KOSTET DIESER TAG?

Wie fühlst du dich am Ende dieses Tages?

Welche der Dinge, die du an deinem erfüllten Tag erlebst, sind schon jetzt Teil deines Alltags?

Wie hast du diese Dinge in deinen Alltag integriert?

Welche der Dinge, die du an einem erfüllten Tag erleben möchtest, sind selten oder nie Teil deines Alltags?

Gibt es etwas auf deiner Liste, das du vielleicht schon jetzt in deinen Alltag integrieren könntest?

Durch welche Veränderungen und Maßnahmen könnte dir das gelingen?

KURZFRISTIGE ZIELE

Was möchtest du im Ablauf eines kürzeren Zeitraums finanziell erreichen? Das kann der Abbau von Schulden sein, etwa eines Studienkredits, aber auch ein größerer Urlaub, ein neues Fahrrad, ein Kurs oder eine Weiterbildung. Es kann auch mehr finanzieller Spielraum sein, mehr Freizeit, mehr Zeit für Freund:innen und Familie oder für ein Projekt, das du gerne umsetzen möchtest. Egal, was es ist, schreibe deine konkreten Ziele hier auf und vermerke auch die erwarteten Kosten.

KURZFRISTIGE ZIELE	ERWARTETE KOSTEN

Markiere, welchen Wunsch du gerne zeitnah in die Tat umsetzen möchtest.

Wie du dein Ziel erreichst, ob durch eine Recherche oder eine Beratung, durch Sparen, höhere Einkünfte, etwa durch eine Gehaltserhöhung oder neue Nebeneinkünfte oder eine Investition: Was sind die ersten Schritte, die du gehen willst, um dein Ziel zu erreichen?

Welche Rückschläge könnten auf dem Weg auftreten?

Wie könntest du mit ihnen umgehen? Überlege dir mögliche Strategien.

Wer könnte dich auf deinem Weg unterstützen und wie?

Wie könntest du deinen Fortschritt auf dem Weg zum Ziel verfolgen und dich motivieren?

Wann genau willst du den ersten Schritt gehen?

DATUM:

LANGFRISTIGE ZIELE

Schreibe hier die größten und langfristigen Ziele auf, für die du Geld brauchst, und versehe sie mit der benötigten Summe.

LANGFRISTIGE ZIELE	ERWARTETE KOSTEN

Markiere, welchen Wunsch du als Erstes in die Tat umsetzen möchtest.

Was wäre der «Preis», den du bezahlen würdest, um diese Ziele zu erreichen? Sei es, dass du Zeit, berufliche Zufriedenheit o. Ä. opfern müsstest. Und welchen Einfluss hätte dein Streben nach mehr Geld auf deine aktuellen Beziehungen?

Möchtest du diese Opfer wirklich bringen?

Was sind die ersten Schritte, die du gehen könntest, um dieses Ziel zu erreichen?

Welche Rückschläge könnten auf dem Weg auftreten?

Wie könntest du mit ihnen umgehen? Überlege dir mögliche Strategien:

Wer könnte dich auf deinem Weg unterstützen und wie?

Wie könntest du deinen Fortschritt auf dem Weg zum Ziel verfolgen und dich motivieren?

Wann genau willst du den ersten Schritt gehen?

DATUM:

#12

DAS LIFESTYLE-KONTO

IN DIESER ÜBUNG WIRST DU …

- herausfinden, ob du lieber zur Miete oder im eigenen Zuhause wohnen möchtest,
- bewerten, ob ein Auto für dich sinnvoll ist oder nicht,
- ein klares Bild von deinem langfristigen Lifestyle erhalten.

In unserer heutigen Gesellschaft sind zwei der größten Entscheidungen, die wir treffen, die Wahl unserer Wohnsituation und die Art unserer Mobilität. Diese Entscheidungen sind nicht nur von grundlegender Bedeutung für unseren Alltag, sondern auch für unsere finanzielle Zukunft. Die Frage, ob es sich lohnt, eine Immobilie zu kaufen, und ob ein Auto Teil unseres Lebens sein soll, betrifft jede:n von uns auf unterschiedliche Weise. Die Entscheidung, ob du mieten oder kaufen möchtest und ob ein Auto zu deinem Lebensstil passt, ist nicht nur eine Frage der Finanzen, sondern auch eine Frage des persönlichen Lebensstils. Bevor du mit der finanziellen Planung beginnst, ist es in dieser Übung wichtig zu bewerten, wie und wo du dich in den kommenden Jahrzehnten siehst.

TIPP

Auch wenn du bereits ein Haus oder Auto gekauft hast – mit dieser Übung kannst du super hinterfragen, ob diese Dinge nach wie vor zu deinem Lebensstil passen.

Sei beim Geldverdienen geduldig, beim Mieten vorsichtig und beim Kaufen weise.

MIETEN

JA NEIN

- ☐ ☐ Du liebst es, immer wieder neue Orte zu entdecken.
- ☐ ☐ Du bist gerne oft und länger auf Reisen.
- ☐ ☐ Du genießt es, ein hohes Maß an Flexibilität zu haben.
- ☐ ☐ Schulden zu machen oder zu haben, setzt dich unter Druck.
- ☐ ☐ Die Beauftragung und Bezahlung von Handwerker:innen bereiten dir wenig bis keine Freude.
- ☐ ☐ Dein Zuhause ist, wo dein Herz ist.
- ☐ ☐ Du bist wenig geräuschempfindlich.
- ☐ ☐ Auf andere Rücksicht zu nehmen, ist für dich in Ordnung.
- ☐ ☐ Dich in einem gewissen Maße an Regeln und Vorgaben zu halten, bereitet dir keine Schwierigkeiten.

KAUFEN

JA NEIN

- ☐ ☐ Du liebst es, dich an einem Ort heimisch zu fühlen. Wenn du einmal Wurzeln geschlagen hast, möchtest du für lange Zeit nicht mehr weg.
- ☐ ☐ Es ist dir sehr wichtig, dein Umfeld ganz nach deinen Wünschen und Vorstellungen gestalten zu können.
- ☐ ☐ Die Vorstellung, dich dauerhaft an etwas zu binden, es zu erhalten und beständig daran zu arbeiten, löst ein Gefühl der Zufriedenheit in dir aus.
- ☐ ☐ Du bist eher der häusliche Typ. Sicherheit und Beständigkeit sind dir wichtig.
- ☐ ☐ Dich an Regeln und Vorschriften zu halten, wenn sie deiner freien Entfaltung widersprechen, ist dir ein Graus.
- ☐ ☐ Schulden aufzunehmen und die damit einhergehenden Verpflichtungen in Kauf zu nehmen, ist für dich kein Problem.
- ☐ ☐ Die Kreditbelastung durch eine eigene Immobilie kannst du gut aushalten.
- ☐ ☐ Handwerker:innen zu beauftragen oder auch mal selbst aktiv zu werden und Reparaturen vorzunehmen, macht dir Spaß.
- ☐ ☐ Du wärst ohne Immobilie nicht diszipliniert genug, langfristig Geld für deine Altersvorsorge zurückzulegen.

AUSWERTUNG MIETEN VS. KAUFEN

☐ **8 – 9 × JA**
Super, das bedeutet, dass du deine Entscheidung zugunsten Mieten oder Kaufen eindeutig treffen kannst.

☐ **5 – 7 × JA**
Das bedeutet, dass du noch keine klare Haltung zu «Mieten oder Kaufen» hast.

Verfasse hier einen Kommentar zu deinem Ergebnis. Wie geht es dir damit?

EIN EIGENES AUTO

JA NEIN

- ☐ ☐ Du erreichst deine Arbeit nur mit dem Auto.
- ☐ ☐ Du hast eine Garage oder einen festen, kostengünstigen Stellplatz vor der Tür.
- ☐ ☐ Du hast keinen oder schlechten Zugang zu öffentlichen Verkehrsmitteln.
- ☐ ☐ Du bereist ausschließlich Urlaubsziele, die mit dem Auto zu erreichen sind.
- ☐ ☐ Du planst regelmäßig Tagesausflüge aufs Land.
- ☐ ☐ Du brauchst für deine Einkäufe und Hobbys grundsätzlich viel Sitz- und Transportfläche.
- ☐ ☐ Dein Auto ist auch dein Hobby.
- ☐ ☐ Du möchtest deinen Kindern einen sicheren und/oder bequemen Transport ermöglichen,
- ☐ ☐ Du möchtest ältere Familienmitglieder unterstützen, z. B. bei Arztterminen oder Einkäufen.

ÖFFENTLICHE VERKEHRSMITTEL ODER CARSHARING

JA	NEIN	
☐	☐	Du kommst auch gut oder sogar schneller mit öffentlichen Verkehrsmitteln oder dem Fahrrad zur Arbeit.
☐	☐	Du möchtest wenig Geld für deine Mobilität ausgeben.
☐	☐	Dein aktuelles Auto steht mehr als 85 Prozent der Zeit ungenutzt herum.
☐	☐	Du bist genervt von Staus und Parkplatzsuche.
☐	☐	Du kannst auch Lieferanten nutzen, z. B. für den Transport von Getränkekisten.
☐	☐	Du möchtest das Klima bewusst schonen.
☐	☐	Du nutzt gerne Carsharing-Angebote.
☐	☐	Du fährst gerne mit öffentlichen Verkehrsmitteln und kannst die Zeit sinnvoll nutzen.
☐	☐	Dich stört, dass dein Auto Kosten durch geplante aber auch unvorhergesehen Werkstattaufenthalte verursacht.

AUSWERTUNG AUTO KAUFEN

- [ ] **8 – 9 × JA**
  Super, das bedeutet, dass du deine Entscheidung zugunsten eines Autos eindeutig treffen kannst.

- [ ] **7 ODER WENIGER × JA**
  Das bedeutet, dass du wahrscheinlich noch keine klare Haltung zum Autokauf hast. Du könntest durch Gespräche mit Menschen aus deinem Umfeld Klarheit über deine Situation gewinnen.

Verfasse hier einen Kommentar zu deinem Ergebnis. Wie geht es dir damit?

STREICHE DURCH, WAS DU NICHT MÖCHTEST.

Ich möchte mehr als der Durchschnitt verdienen/abgesichert leben/meine bescheidenen Kosten decken und alternative Lebensformen entdecken.

Stand jetzt möchte ich im Ausland/in meinem Heimatland leben.

Ich möchte gerne in der Stadt/auf dem Dorf in einer Wohnung/einem Haus zum Kauf/zur Miete wohnen.

Dabei möchte ich in einer belebten/einer ruhigen Umgebung leben und mich mit dem Auto/öffentlichen Verkehrsmitteln fortbewegen.

Wie fühlen sich diese Sätze für dich an?

Wie wichtig sind dir Statusobjekte? Und welche möchtest du gerne einmal besitzen?

Und welche Statusobjekte brauchst du auf keinen Fall?

Wie sieht deine ideale Reise aus?

Und wie möchtest du auf keinen Fall reisen?

Wie wichtig ist es dir, genug Freizeit zu haben?

Und wie wichtig ist es dir, Karriere zu machen?

#13

DER BERUFSKOMPASS

IN DIESER ÜBUNG WIRST DU …

- deine aktuelle berufliche Situation reflektieren,
- deine beruflichen Stärken und Schwächen entdecken,
- in Erfahrung bringen, wie du dich beruflich entwickeln möchtest.

Mit unserem Beruf verbringen wir in der Regel einen Großteil des Tages. Er kann als Mittel zum Zweck dienen, etwa um die Miete zu zahlen oder Lifestyle-Kosten zu decken, oder auch eine Quelle der Zufriedenheit sein, wenn wir zum Beispiel unsere Fähigkeiten und Talente einsetzen und uns weiterentwickeln. Hingegen kann Unzufriedenheit im Beruf sich auf andere Lebensbereiche auswirken, sei es auf unsere Beziehungen oder auf unsere Gesundheit. In dieser Übung reflektierst du deine berufliche Tätigkeit.

TIPP

Jede:r hat eine andere Vorstellung davon, was berufliches Glück bedeutet. Einige Menschen suchen Herausforderungen und Wachstum, andere Stabilität und eine gute Balance. Finde heraus, was berufliches Glück aktuell für dich bedeutet.

Sei bereit, auch mal Dinge zu tun, für die du noch nicht bereit bist. Auf diese Weise wirst du wachsen.

DEIN AKTUELLER BERUF

So zufrieden bist du grundsätzlich in deinem aktuellen Beruf:

NICHT ZUFRIEDEN SEHR ZUFRIEDEN

So zufrieden bist du mit deinem aktuellen Gehalt:

NICHT ZUFRIEDEN SEHR ZUFRIEDEN

So gut kannst du dich fachlich weiterentwickeln:

NICHT GUT SEHR GUT

So gut kannst du dich persönlich weiterentwickeln:

NICHT GUT SEHR GUT

DEIN STATEMENT ZU ...

deiner Arbeitszeit:

deinem Arbeitsweg:

deinen Aufstiegschancen/deiner Perspektive:

deinen Arbeitskolleg:innen:

deinen Aufgaben:

DEINE STÄRKEN ENTDECKEN

Wenn du dich in deinem aktuellen Beruf weiterentwickeln willst, darfst du dich fragen, wie du dein Potenzial entfalten kannst.

Welche Bereiche deiner Arbeit bereiten dir besondere Freude?

Für welche Fähigkeiten wirst du bei deiner Arbeit immer wieder gelobt?

Für welche Fähigkeiten wirst du außerhalb deiner Arbeit immer wieder gelobt?

Wie könntest du diese Fähigkeiten in deine Arbeit einbringen?

Wie könntest du deine Stärken weiter ausbauen?

Welche Bereiche deiner Arbeit bereiten dir Schwierigkeiten?

Wie könntest du dich in diesen Bereichen weiterentwickeln oder diese Schwierigkeiten lösen?

Gibt es einen Bereich bei deiner Arbeit, der dich interessiert, in dem du aber bisher noch keine Erfahrungen gesammelt hast?

Welche Aufstiegschancen hast du in deinem Job?

Wenn du diese in Zukunft wahrnehmen möchtest, welche Fähigkeiten solltest du ausbauen oder entwickeln?

Wen kannst du ansprechen, um deine Ziele auf der Arbeit in die Tat umzusetzen und Unterstützung zu erhalten?

BEENDE DEN SATZ:

Meine bisherige Karriere hat
mich gelehrt, dass …

Beruflicher Erfolg bedeutet für mich …

In Zukunft sehe ich mich beruflich …

#14

MIT GELD GUTES TUN

IN DIESER ÜBUNG WIRST DU …

- dir überlegen, wie du andere unterstützen kannst oder möchtest,
- Ideen entwickeln, wie du in deinem direkten Umfeld, in deiner Stadt oder in der Welt einen Unterschied machen kannst,
- herausfinden, was deine Ideale sind.

Zeit und Geld kann man auf vielen Wegen sinnvoll einsetzen. Sei es durch Investitionen in die eigene Weiterbildung, in eigene oder für soziale Projekte. Etwas zu geben, kann in anderen und in uns ein starkes Gefühl der Zugehörigkeit, der persönlichen Erfüllung und Zufriedenheit auslösen, was weit über materiellen Reichtum hinausgeht. Indem wir Gutes tun, agieren wir als Vorbild für andere und inspirieren sie dazu, ebenfalls ins Handeln zu kommen.

TIPP

Du kannst schon damit beginnen, dich in deiner Nachbarschaft umzuhören, wo Hilfe benötigt wird. Oftmals sind es die kleinen Organisationen in der eigenen Stadt oder Gemeinde, die am meisten von zusätzlicher Hilfe profitieren.

Das Gute, was du anderen tust, tust du auch dir selbst.

Hast du schon mal jemanden finanziell oder auch in Form von konkreter Hilfestellung unterstützt?

Welche Gefühle hat das in dir ausgelöst?

Falls du es möchtest und du schon eine Idee hast: Auf welche Art und Weise würdest du gerne andere unterstützen?

Wie könntest du jemanden in deinem persönlichen Umfeld unterstützen?

- [ ] Gemeinsame Reise oder einen Ausflug finanzieren
- [ ] Geschäftsidee supporten
- [ ] Restaurantbesuch finanzieren
- [ ] Ein Buch verschenken
- [ ] Bei einem Einkauf unterstützen
- [ ] Dabei helfen, etwas zu erlernen
- [ ] Deine Idee: ....

Wie genau könntest du dieses Vorhaben in die Tat umsetzen?

Wie könntest du ein Projekt in deinem Dorf oder deiner Stadt unterstützen?

- [ ] Weihnachtsgeschenke für den guten Zweck kaufen
- [ ] Organisationen durch deine Fähigkeiten, durch Sachspenden oder finanziell unterstützen
- [ ] Lokale Geschäfte besuchen und dort einkaufen
- [ ] Obdachlosenzeitung kaufen
- [ ] Lokale Veranstaltungen unterstützen
- [ ] Kommunalpolitiker:innen anschreiben und auf Missstände aufmerksam machen oder Lösungen anbieten
- [ ] Deine Idee: ....

Wie genau könntest du dein Vorhaben in die Tat umsetzen?

Wie könntest du der Welt etwas Gutes tun?

- [ ] CO_2-Ausgleich ausrechnen und kompensieren
- [ ] Spendenprojekt unterstützen
- [ ] Nachhaltig konsumieren
- [ ] Deine Fähigkeiten in eine Organisation einbringen
- [ ] Crowdfunding-Ideen unterstützen, die deinen Werten entsprechen
- [ ] Künstler:innen und Kreative durch den Kauf ihrer Arbeiten unterstützen
- [ ] Deine Idee: ....

Wie genau könntest du dieses Vorhaben in die Tat umsetzen?

REFLEXION

Wunderbar, du bist am Ende von dem Date mit deinem Geld angelangt. Du kannst stolz auf dich sein.

Was hast du Neues über deine Vorstellung von der Zukunft gelernt, was du zuvor noch nicht auf dem Schirm hattest?

Was sind die nächsten Schritte, die du angehen möchtest? Blättere noch einmal durch die vorangegangenen Kapitel und übertrage deine Ziele, damit du sie hier auf einen Blick hast.

Was darfst du dafür noch vorbereiten?

Wie kannst du eine gute Balance aus Streben nach finanziellen Zielen und gleichzeitig guter Lebensqualität finden?

ZUM ABSCHLUSS

Fasse deine Erkenntnisse aus den Teilen 1 – 3 in den folgenden Zeilen noch mal zusammen.

BEENDE DEN SATZ:

Wenn es um Geld geht, fühle ich meistens …

So stehe ich aktuell finanziell da:

Ich habe erkannt, dass …

Jetzt setze ich Folgendes um:

Das sind die Menschen, die ich dafür um Hilfe oder Rat bitten möchte:

Deine weiteren Gedanken:

Wie würdest du nach diesem Buch deine Beziehung zu Geld beschreiben?

Und wie ist euer aktueller Beziehungsstatus?

- [ ] Wir bleiben bis zum Lebensende zusammen.
- [ ] Wir haben (endlich) zueinandergefunden.
- [ ] Es ist kompliziert, wir haben eine Freundschaft mit Benefits.
- [ ] Da gibt es noch einiges zu klären.
- [ ] Eigene Beschreibung des Beziehungsstatus:

DANK

Danke, dass du dir Zeit für dieses Buch genommen hast. Wir hoffen, es hat dir gefallen, zu neuen Erkenntnissen geführt und deine Beziehung zu Geld verbessert.

Über eine positive Bewertung freuen wir uns sehr. Wenn du noch weitere Fragen hast, melde dich gerne per E-Mail: *info@nodramaclub.de.*

Auch über Instagram-Story-Markierungen *(@no.drama.club)* oder TikTok-Videos von dir freuen wir uns!

Nur das Beste für dich!

PS: Mach dir keinen Stress. Geld kommt und geht und kann immer fließen. Neben genügend Möglichkeiten, dein Geld auszugeben, gibt es auch immer Möglichkeiten, genügend Geld auf deinem Konto zu haben. Hab Vertrauen!

DAS
DATE
MIT DIR
SELBST

DAS DATE MIT DIR SELBST

VON TOM BOBSIEN

«Schenke dir Zeit mit dir selbst. Werde dir deiner Stärken, deiner Werte und deiner Einzigartigkeit bewusst. Verstehe, was und wer dein Leben prägt oder geprägt hat. Erkenne deine Potenziale und gehe deinen eigenen Weg.»

«Das Date mit dir selbst» ist ein Reflexionsbuch mit 24 spannenden Übungen, die verblüffende Erkenntnisse bereithalten. Dieses Buch hilft dir dabei, innezuhalten und der Überforderung des medialen Alltags etwas entgegenzusetzen, dich ganz bewusst nicht ablenken zu lassen, sondern dich auf dich selbst zu konzentrieren. Die Idee von «Das Date mit dir selbst» ist es, weniger zu scrollen und stattdessen zu reflektieren. Eine ehrliche und emotionale Verabredung mit dir selbst, um dem Wirrwarr der Möglichkeiten und äußeren Einflüsse zu entkommen und deinen eigenen Weg zu erkennen.

DAS
DATE
MIT DIR
SELBST
DEEPTALK

DAS DATE MIT DIR SELBST – DEEPTALK

VON TOM BOBSIEN

«Vergleiche dich nicht mit andern, sondern gehe deinen eigenen Weg. Deine größte Weisheit liegt in dir. Du kennst dich selbst besser als jede andere Person. Nur du weißt, was dich erfüllt und glücklich macht.»

«Das Date mit dir selbst – Deeptalk» hält eine Menge neuer Erkenntnisse bereit, die überraschen. Dich erwarten 23 Übungen, durch die du mehr Klarheit in den Lebensbereichen Gesundheit, Liebe und Karriere gewinnst. Die kleinen Glücksmomente im Alltag wertschätzen, sich der eigenen Gesundheit widmen, erkennen, wie tiefe Bindungen entstehen und gestärkt werden können, die berufliche Laufbahn und die eigenen Finanzen auf Vordermann bringen – das sind nur einige der Bereiche, die durch dieses Buch klarer werden. Dabei geht es nicht darum, dass du dich optimierst, sondern dass du deine eigene Wahrheit lebst und Verantwortung für dein Leben übernimmst. Viel Freude bei deinem Date mit dir selbst – Deeptalk!

DATE
NIGHT
ZEIT FÜR EUCH

DATE NIGHT – ZEIT FÜR EUCH

VON TOM BOBSIEN

«Warum dieses Buch entstanden ist? Weil wir glauben, dass eine Beziehung wächst und an Tiefe gewinnen kann, wenn zwei Menschen offen und ehrlich miteinander kommunizieren, auch wenn es nicht immer leicht ist.»

Zehn individuell gestaltete Date Nights laden euch dazu ein, gemeinsam eine Zeitreise in eure Vergangenheit und Zukunft zu unternehmen, über eure Beziehung zu reflektieren und sie wachsen zu lassen. Die Mischung aus Fragen und interaktiven Übungen zu verschiedenen Lebensbereichen ermöglicht es euch, einander von einer ganz neuen Seite kennenzulernen und eure Verbindung zu stärken. Was ist euch selbst als Person und als Paar wichtig? Was bewegt euch und was schätzt ihr besonders an eurem Gegenüber? Es geht um ehrliche und offene Kommunikation und darum, euch einander zu zeigen, wie ihr wirklich seid. Zehn außergewöhnliche Begegnungen für Paare, die Spaß machen und einige Überraschungen bereithalten.